宗教立国の精神

この国に
精神的主柱を

THE SPIRIT OF
A RELIGIOUS
NATION

大川隆法

RYUHO
OKAWA

JN309608

まえがき

本書は、昨年の私の説法集の中から、『宗教立国の精神』というテーマにふさわしいものを集めたものである。

『幸福実現党』初年度の心意気がよくあらわれている。

実際は、選挙前より、選挙後の方が大変だったというのが実感だ。「志《こころざし》を崩《くず》さない」、「志を曲《ま》げない」ということは、言葉で言うのは簡単だが、この世においては茨《いばら》の道であり、試練《しれん》の連続である。

この試練に耐えて、同志たちは、再度戦いに挑もうとしている。武器は、「勇気」と「信仰心」である。
「未来よ、開けよ」。そう念ずるのみである。

二〇一〇年　四月末

国師《こくし》　大川隆法《おおかわりゅうほう》

宗教立国の精神　目次

まえがき　1

『幸福実現党の目指すもの』　18

第一部　なぜ政治に進出したのか

第1章　天命を信じよ

1　宗教も政治も「幸福の実現」を目指すもの　24

政治とは、地上から不幸を追放する具体的な活動　24

最高の政治とは「神仏の理想」を実現すること　27

2 正しい宗教による価値観の戦い 31
「地上の支配権を神仏の手に取り戻《もど》す」という革命を 31
国民を幸福にできなければ政権交代など意味がない 35
地上に一つぐらいは「正しい宗教政党」が必要である 37
3 真理のために戦い、この世の「常識」を打ち破れ 40

第2章 悟《さと》りと政治の関係

1 宗教家が政治的アドバイスをするのは本来の姿 46
釈迦《しゃか》は、国師《こくし》として、国王に政治指南《しなん》をしていた 46
宗教心が篤《あつ》く、「政治における正しさ」を求めていた、当時の国王たち 48

イエスが「カエサルのものはカエサルに」と言った背景には、
政治的立場が弱かったという事情がある　52
宗教を排撃《はいげき》する政治家を選ぶと国難はより厳しくなる　54

2　宗教なくしてユートピアは出現しない　55
唯物論《ゆいぶつろん》のマルクス主義の下《もと》では、理想的な国はできていない　55
結果平等ではなく、チャンスの平等に満ちた国を　58

3　われわれは国難を救うべく立ち上がっている　60
国難を救う活動は、公益事業の一環《いっかん》である　60
国を護《まも》る気概《きがい》のない政治家に、国政を任せることはできない　61
オバマ大統領は、日本を本気で護ってくれるかは分からない　64

第3章　愛と成功

1　「友愛」のルーツは「ヘルメス思想」　70
2　日本に確立すべき「三つの自由」　74
「信教の自由」――宗教を信ずる人が尊敬される国に　74
「政治参加の自由」――〝無能な政治家からの自由〟を　78
「恐怖《きょうふ》からの自由」――国家は最低限、国民の生命の安全を護れ　83
3　民主主義の本来の姿とは　86
権力の立場にある者は、聞く耳を持たなくなりやすい　86
いじめの事実を隠蔽《いんぺい》した公立小学校と教育委員会　88
素人《しろうと》でも参加できなければ、本来の民主主義とは言えない　90

マスコミは「古きよき時代の在野《ざいや》精神」を取り戻せ　92
「税金ありき」の国家運営を根本的に見直さなくてはいけない　94
大臣や高級官僚《かんりょう》は「全体の奉仕者《ほうししゃ》」としての姿勢を見せよ　98
4　**北朝鮮《きたちょうせん》の人たちを圧政から解放したい**　100
日本は北朝鮮にとって敵ではなく理想像である　100
日本に「世界の人々をリードできる宗教」を　103

第二部　宗教を背骨とした国づくりを

第4章　仏の教えと時代性

1 **現代人は旧《ふる》い宗教観を持っている** 110
昔の宗祖《しゅうそ》たちも「現代」に生きていた 110
「知っていること」と「知らないこと」を分ける力が必要 112
2 **法律の淵源《えんげん》は宗教にある** 115
「神との契約《けいやく》」が西洋の法律の根源 115
仏教の戒律《かいりつ》制定の仕方は、現代の立法と同じ 118
イスラム教の過酷《かこく》な刑罰《けいばつ》は、現代の人権思想に合わない 121
3 **神仏の教えにも「時代性」がある** 125
宗教にも時代に合わせたイノベーションが必要 125
旧い宗教には、現代では通用しない〝化石化〟した部分がある 129
4 **宗教的精神を大事にする社会風土を** 132
脳死を「人の死」と定義した日本の国会 132

科学と宗教が融合《ゆうごう》した未来社会をつくる　136
宗教を拒絶《きょぜつ》する戦後の風潮を変えるために　138

第5章　宗教立国の精神

1　幸福実現党立党の引き金　146
2　政党もマスコミも憲法改正問題を避《さ》けている　149
安倍《あべ》元首相の守護霊《しゅごれい》が言っていたこと　149
民主党政権で危機に陥《おちい》った日米関係　153
マスコミは一種の官僚制と化し、前例主義に陥っている　156
3　宗教立国を宣言した「憲法試案」前文　159
国づくりのビジョンがなければ憲法は書けない　159

「憲法試案」前文の趣旨《しゅし》――宗教立国を目指す　161
宗教立国が世界の国々の主流である　163
幸福の科学の運動は、人々の人間性を高める社会啓蒙《けいもう》活動　165

4 「基本的人権」の根拠《こんきょ》とは　167
キリスト教会の都合でつくられた、「人間、罪の子」の思想　167
近代の人権思想は「人間、神の子」の思想から出ている　171
「憲法試案」前文で、従来の基本的人権が高度に昇華《しょうか》された　175
「憲法試案」の第二条で、すべての宗教が包含《ほうがん》される　179

5 憲法試案における「大統領と天皇」　181
憲法試案の「大統領制」は、独裁政を防ぐ仕組みを持っている　181
権限や責任がある人を元首とし、天皇は文化的象徴《しょうちょう》に　184

第6章　千年王国の理想について

1　「幸福実現党」立党の趣旨　190

京都に想《おも》う　190

「この国の政治に一本、精神的主柱《しゅちゅう》を立てたい」　193

2　宗教なくして国家の繁栄《はんえい》はありえない　196

宗教は、「人々の努力を促《うなが》す」という機能を持っている　196

人々に見識がなければ、民主主義は衆愚政《しゅうぐせい》へ転化する　198

3　あの世や魂《たましい》を否定する戦後の流れを清算せよ　201

日本の言論《オピニオン》が偏向《へんこう》している理由　201

日本人は精神的自立を果たすときに来ている　204

4　宗教を善なるものと認める国家へ　207
5　「正しさ」を追究し、実現するのみ　212
6　「幸福維新《いしん》」によって、真なる宗教立国を　216

第三部　今こそ、真なる精神革命のとき

第7章　法輪《ほうりん》転じる時は今

1　立宗《りっしゅう》から日本最大の宗教へ　224
最初の霊示《れいじ》が「日興《にっこう》」だったことの意味　224
立宗から数年で六百万人規模の教団を追い抜《ぬ》いた　227

2　政治への進出は世界宗教への関門の一つ　230
「いつでも政権の受け皿になる」という幸福実現党の志　230
世間の「常識」を打ち破る最後の戦いが始まった　236
意外に保守的で現状維持を図《はか》ろうとする日本のマスコミ　238
3　日本を国難から救うための戦い　240
「常識」の扉《とびら》を破り、大いなる維新を起こす　240
政党の立ち上げには指導霊団《しどうれいだん》全員が賛成した　243
政治活動は「法輪」を転じる姿でもある　247

第8章　不屈《ふくつ》の精神を磨《みが》く

1　激誡《げきせい》の人、吉田松陰《よしだしょういん》　252

国禁を犯し、「やむにやまれぬ大和魂《やまとだましい》」と詠《よ》んだ松陰　252
松陰の生き様に多くの人が感化を受けた　254
損得を抜きにした行動が、時代を拓《ひら》くきっかけになる　256

2　**日本を宗教心溢《あふ》れる国に**　259
高級霊《こうきゅうれい》の霊言《れいげん》は、この世の人に簡単には信じてもらえない　259
昨年の政権交代は「維新」「革命」ではなく「昔戻り」　262
未来を拓こうとする強い意志が現実化していく　266

3　**艱難辛苦《かんなんしんく》に耐《た》えうるだけの器《うつわ》を**　268
東アジア共同体がもたらすものとは　268
「自衛隊のない未来」をイメージしている鳩山《はとやま》首相　270
幸福の科学が頑張《がんば》らなければ、繁栄する未来は来ない　272

4　**「真なる自由」と「騎士道《きしどう》精神」の下《もと》に**　276

社会主義は一九九〇年を境にして滅《ほろ》びるべきだった 276
「人づくり」が、世の中を変えることにつながる 279

最終章　必勝の精神

1 「勝利の方程式」とは 284
強く念じ続けることは、現実の世界に引き寄せられる 284
「どのような人間になりたいか」を自らに問い、
理想の自己像を描《えが》け 287
2 常勝思考《じょうしょうしこう》を実践《じっせん》し、心の法則をつかみ取る 290
いかなる立場においても、生き筋を見つけよ 290
心の法則をつかみ取れたら、人間の力は十倍、百倍となる 293

自分で自分の人生を拓く　296

3　**本番の勝負に強くなれ**　300

「何もかも条件が整えば勝てる」という考えを捨てる　300

無我になり無心になり、神仏の力を受け止めよ　302

4　**「国民を救わん」という意志を伝えよ**　305

これは、仏の悲願を実現するための運動である　305

天上界《てんじょうかい》から強い応援《おうえん》があることを信じ切れ　308

毎年パワーアップし、大河のごとき政治の波をつくろう　311

あとがき　315

『幸福実現党の目指すもの』

この国の政治に一本、精神的主柱《しゅちゅう》を立《た》てたい。
これが私のかねてからの願いである。
精神的主柱がなければ、国家は漂流《ひょうりゅう》し、
無告《むこく》の民《たみ》は、不幸のどん底へと突き落とされる。
この国の国民の未来を照らす光となりたい。
暗黒の夜に、不安におののいている世界の人々への、
灯台の光となりたい。

国を豊かにし、邪悪《じゃあく》なるものに負けない、
不滅《ふめつ》の正義をうち立てたい。
人々を真なる幸福の実現へと導いていきたい。
この国に生まれ、この時代に生まれてよかったと、
人々が心の底から喜べるような世界を創りたい。
ユートピア創りの戦いは、まだ始まったばかりである。
しかし、この戦いに終わりはない。
果てしない未来へ、はるかなる無限遠点を目指して、
私たちの戦いは続いていくだろう。

第一部　なぜ政治に進出したのか

第1章

天命を信じよ

2009年10月27日（東京都・幸福の科学 総合本部にて）

1　宗教も政治も「幸福の実現」を目指すもの

政治とは、地上から不幸を追放する具体的な活動

今、幸福の科学は、政治の問題に取り組んでおり、「宗教として、どこまでそのフロンティアを極《きわ》めることができるか」という文明実験が進んでいるところです。

日本では、戦後、「政治と宗教を分ける」という政教分離《せいきょうぶんり》が当然の常識として刷り込《こ》まれているために、スタート点においてはかなり難しいものがあります。

率直に言って、「すでに多くの人に教育され、刷り込まれているものを覆《くつがえ》し、さらに、その先に進む」ということは、困難なことのようにも見えます。

しかしながら、「政治とは何か」ということを翻《ひるがえ》って考えるならば、それは、ある意味で、「この地上から不幸を追放する」という具体的な活動であり、別の言葉で述べるならば、幸福の「科学」そのものであると言えます。

つまり、「いかにして幸福を実現するか」を、具体的な技術・方法を用いてやり遂《と》げていくことが政治なのです。長らく、政治は、「可能性の技術」とも言われてきたように、非常に創造性の高い仕事の一つです。

政治に含《ふく》まれていないものがあるとすれば、それは、人間の奥深《おくぶか》い心理や、この世を去った霊的《れいてき》世界の領域にかかわる部分です。これは、宗教固有の守備範囲《はんい》かもしれません。

ただ、「この世に生きる人々の人生を、いかに導くか」という点においては、宗教と政治は重なるものがあります。

私は、宗教も政治の一角《いっかく》を担《にな》うものであると同時に、政治をも包み込むものであると考えています。すなわち、幸福の科学が考える「人間の幸福」というのは、「この世とあの世を貫《つらぬ》く幸福」であり、そのうちの「この世の幸福」の部分において、政治と宗教が並行的に存在するのです。

宗教が政治的にも成功し、幸福な人を数多くつくることは、当然、この世から不幸を減らしていく運動にもなり、それは、政治と宗教が、物心《ぶっしん》両面から、この世をユートピア化していく流れでもあると思うのです。

宗教が、言葉や精神的な問題だけで人を救おうとしても、救い切れない領域はもちろんあります。例えば、不幸な戦争や不幸な天変地異が起きたり、人為的《じんいてき》な失敗による経済不況《ふきょう》が起きて、所帯主が収入を失ったり、経営していた会社が倒《とう》産《さん》したり、あるいは、家族に病人が出たりしても、助けることができないこともあります。

したがって、私は、「宗教であっても、政治に関して目を離《はな》してはならない」

と考えているのです。

　ただ、現代のような飽食《ほうしょく》の時代においては、かつての飢《う》えた時代のように、「炊《た》き出し運動」的な宗教活動が全国に広がるとは思っていません。むしろ、日本の歴史において、仏教が「高等学問」として、政治やさまざまな学問領域を支えたように、今は、先進宗教が、より高度な技術として、遅《おく》れている政治を立て直し、牽引《けんいん》すべきときが来ていると感じています。

最高の政治とは「神仏の理想」を実現すること

　私たちにとって、何よりも大きな武器は何であるかと言うと、「実は、私たち幸福の科学こそが、政治の源流に立っている」ということです。

　現代においては、民主主義政治が、最高の政治形態であり、そして、人類の発展の最終形態であるかのようにも言われています。

しかしながら、民主主義政治というものは、一種のフィクションによって成り立っているものです。「本来は、神仏から委《ゆだ》ねられた人が、神仏の思いを実現し、現実の政治をなしていく」というのが理想の政治ですが、現実には、神仏の声、神仏の考えが分からないがために、その〝代用品〟として、「投票を通して民《たみ》の声を聴《き》き、多数を占《し》めたものが、神仏の考えと同じであろう」という擬制《ぎせい》を用いているわけです。

そうしたフィクションの上に成り立っているのが民主主義政治なのです。

それが、今、「民の多数の声が神仏の声である」というフィクション、擬制の部分が取り除かれて、「神仏の真なる願いや考えが、どこにあるか」ということが、明確に発信されているのです。

それは、とりもなおさず、私たちが、「政治の源流に立っている」ということを意味します。選挙の結果によって神仏の声を占《うらな》うのではなく、神仏の考えを、その声を、直接に民衆に伝えることができる立場に立っているのです。

すなわち、民主主義は、暴君による暴政から民衆を護《まも》るための最低限の砦《とりで》として、最悪を防ぐという消極的な意味で肯定《こうてい》されてきましたが、私たちは、最高の理想である「神仏の理想」を実現するという意味で、民主主義をも超《こ》えた政治をなしうる立場に立っているのです。

大多数の政治家は、「凡庸《ぼんよう》なる人たちが、少し努力をして人々に認められた」というあたりの立場にいて、そういう人たちが、寄り合って政《まつりごと》をしているのが現実です。

「多数決の原理においては、必ずしも、政治的資質や才能や徳力の優れた人が選ばれているわけではない」ということは、みなさんも実例を通して知っているはずです。

民の多くは、立候補者の個人的能力、見識、徳力を測るところまでは行かず、政党名を見て、「この政党が推薦《すいせん》しているなら、よい人ではないか」と、間接的に選んでいるのが現実です。

そして、「どの政党を支持するか」ということは、新聞、テレビ、週刊誌等の各種マスコミによる情報操作に委ねられているのが現状です。

したがって、今、私たちは、「真なる善悪とは何であるか」「真なる地球的真理とは何であるか」「真なる未来のあり方とは何であるか」ということを、人々に示さなければならなくなっています。

2　正しい宗教による価値観の戦い

「地上の支配権を神仏の手に取り戻《もど》す」という革命を

二〇〇九年の衆院選において、幸福実現党の得票率は一パーセントから二パーセントでしたが、これは価値観の戦いであり、非常に力の要《い》る戦いでもありました。

今の日本では、新宗教を信じている人は国民の一割から二割しかいないとも言われますし、伝統宗教を含《ふく》めても、特定の宗教を信じている人は半分もいないと言われています。こうした、いわゆる無宗教層を自認する人が多数を占《し》めている国において、「宗教政党を標榜《ひょうぼう》するものが指導的立場に立つ」ということは、本当の意味において、真なる革命であると思うのです。

言葉を換《か》えるならば、私たちは、「この地上の支配権を、悪魔《あくま》の手から、神の手、仏の手に取り戻《もど》す」という運動を行っているのです。少なくとも、今の日本においては、「神仏の力が現実的な政治・経済勢力において多数を占めている」とは言えない現状です。

それは、人々に真なる信仰心が根付いていないからです。幸福の科学は、本筋としては、宗教を教えていますが、教育や政治、経営、経済など、他の分野にも、神仏の心は流れていかねばなりません。この国の発展・繁栄《はんえい》を願う、神仏の熱い念《おも》いを受け止めねばならないのです。

何よりも、神仏を信じ、信仰心を持っている人たちを、軽んじ、軽蔑《けいべつ》し、そして、「後れた迷信家だ」と思っている人たちに対して、その〝常識〟が間違《まちが》っていることを示さねばなりません。

二〇〇九年には、幸福の科学の映画「仏陀再誕《ぶっださいたん》」（製作総指揮・大川隆法）が全国で上映されましたが、インドの地においては、「試写会に三千五百人が集まり、そのうちの千二百人もが映画を観《み》ただけで信者になる」という現象が起きています。インドがどれほど信仰深い国であるかが、よく分かります。

ところが、日本においては、「疑い」のほうが非常に強く、信ずる者は非常に少ないのが現実です。それは、一つには、マスコミの原理のなかに、「疑いをもって真理とする」という部分があるからだと思います。

あるいは、近代司法の原理、法律の原理のなかにも、「疑い」というものが根深く入っています。「単純に純粋《じゅんすい》に信じる」という行為《こうい》が、「美しく、徳のある行為である」と思われずに、「愚《おろ》かな行為である」と思われているのが、先進国の実態です。

そして、宗教を説く人たちから、騙《だま》されたり害を受けたりしないように、警鐘《けいしょう》を鳴らすのが、知識人や啓蒙家《けいもうか》の仕事であると思われています。

したがって、私は、本当の意味での「革命」を成し遂《と》げねばならないと思うのです。「神のものは神の手に返しなさい」と訴《うった》えたいのです。この世の人間の政治的な技術、多数派工作や資金集めのうまさ、宣伝のうまさなどによって、この国が動かされていくようであっては相成《あいな》りません。

「政治家というものは、嘘《うそ》をつくのが本筋である」と思われているため、マスコミも、疑いを武器として戦っていて、「真実を暴露《ばくろ》する」ということを中心的な行動原理としています。

しかし、私たちは、正直をもって、真実をもって、堂々と立ち向かっていきたいと考えています。「真実をしっかりと述べる」ということ、「節《せつ》を曲げない」ということが大事です。

国民を幸福にできなければ政権交代など意味がない

現在、自民党と民主党が「二大政党」と言われ、「小選挙区制」の下《もと》で戦った結果、民主党が政権政党となりました。フランスの政治学者デュヴェルジェが説いた「デュヴェルジェの法則」のとおり、「小選挙区の二大政党制になれば、第三党以下は消えていく」という現象が、現実に起きようとしています。

要するに、第三党以下の党に投票しても、その投票は「死票《しひょう》」となってしまい、二大政党にしか票が集まらなくなっていきます。そのため、「二つの政党だけが強くなり、交代でどちらかが極端《きょくたん》に強くなる」という振《ふ》り子《こ》現象が起き始めるのです。

そういう法則が政治学にはあります。

ちなみに、小選挙区制は、与党《よとう》に有利なように選挙区をいびつなかたちに区割りすることも可能なため、アメリカでは、それを行った人の名前を取って「ゲリマンダー」と呼ばれており、昔、日本でも、鳩山一郎《はとやまいちろう》が小選挙区制の導入を提案したときには、「ハトマンダー」と呼ばれたこともあります。

その鳩山一郎の孫である鳩山由紀夫の手によって、この世的な技術による小選挙区制の下、現実に政権交代が起きましたが、こうした、政権が振り子のように揺《ゆ》れることをもって「平成維新《いしん》」などとは呼べません。結果がよい方向に向かっていかなければ、政権交代は意味のないことです。

未来が明るい方向に向かい、人々を幸福に導いていかなければ、政治の意味はないのです。

私たちは、正しい言論を主たる武器とすることによって、また、宗教を根拠《こんきょ》とした、人間関係の正常なつながりを緊密《きんみつ》にすることによって、正論を押《お》し広げ、この世のなかに、正義を実現したいと考えています。

したがって、目先の小さな躓《つまず》きにとらわれることなく、堂々たる〝横綱相撲《よこづなずもう》〟を取り続けたいと思います。

国民も愚かではありません。真実のものを見分ける力はあるはずです。一見しただけでは分からないかもしれないし、短い期間では分からないかもしれません。

しかしながら、数年か、十年か、あるいはそれ以上の年数を続けていくうちに、真実のものは、必ずや人々の心を打ち、理解を得、支持を受けるものであると、固く信じることが大事です。

どうか、浅き兵法にとらわれることなく、浅薄《せんぱく》な宣伝や広報に酔《よ》うことなく、正々堂々の陣《じん》にて戦い続けることを望みます。

地上に一つぐらいは「正しい宗教政党」が必要である

そして、「『宗教は悪なるものである』というのは、悪魔の声である」ということを、はっきりと知らしめたいと思います。

「神仏は存在し、人間は、この地上において素晴らしい経験と人生の智慧《ちえ》を得るために魂《たましい》修行をしているのだ」という正しい人生観を、政治や教育を通して人々に教えていきたいのです。

宗教とは、一つの小さなジャンルに対する趣味《しゅみ》のように、関心のある者だけが近寄るものではなく、万民が知り、関心を持ち、そして体験しなければならないものであるのです。そのことを訴えなければならないと思います。

これよりのち、幸福実現党は、「正しい信仰を持ち、正しい宗教を信じる人たちを護り育てる力」を持たなければなりません。この地上において、一つぐらいは、正しい宗教政党がなくてはならないと思うのです。

そして、「社会をよくすることに責任を持とうとする者が政治家になっていくのが、当然である」と考えるような風潮をつくっていきたいのです。

政治家が尊敬されないような国は、恥《は》ずかしい国であると私は思います。「暴力装置によって人々を従わせるのではなく、徳によって人々に尊敬され、敬われるような政治家が、国を治める時代」が、きっと来ると強く信じて、その道を歩まなければなりません。

前回の衆院選では、立党して三カ月あまりであったにもかかわらず、百人のうちの一人か二人かは幸福実現党を選んでくれました。

これが、二パーセント、三パーセント、四パーセント、五パーセントになっていくのは時間の問題であり、私は数年のうちにそうなると思います。そして、政治の世界のなかで一定の勢力を築くことは、それほど難しいことではないと考えています。

3　真理のために戦い、この世の「常識」を打ち破れ

幸福実現党の使命は日本人の救済です。さらに、日本を超《こ》えて、世界の人々をも正しい方向に導いていく使命を持っていると信ずるものです。

ゆえに、今のような支持率は十分ではありません。七十パーセント、八十パーセントという高い支持率を持つような政党に育て上げていかねばならないし、日本での成功を世界各国に広げ、「日本の幸福実現党に続け！」という運動を起こしていかなければならないと思います。

幸福の科学の、過去二十数年の成功の積み上げから見て、それは実現可能であると、私は信じています。

なぜなら、正しい価値観に戻《もど》そうとしているだけのことであるからです。当たり前のことを当たり前に言っているだけのことだからです。聖徳太子《しょうとくたいし》の時代に人々が信じられたことを、今の時代の人は信じられないというのでしょうか。昔の人は、みな劣《おと》っていたのでしょうか。

そんなことはありません。徳や真理を信じていた人たちが、現代人より劣っていたわけではないのです。物が溢《あふ》れている世界のなかで物に執着《しゅうちゃく》している人間が、真理の世界を知って徳を持つ人たちを批判する資格などないのです。

ぜひとも、精神的高みを持った政治を実現していきたいと思います。それは、宗教の運動とも決して矛盾《むじゅん》するものではないと考えます。

「正しい政治運動は、幸福の科学の使命そのものである」と、私は言いたいのです。

あえて違《ちが》いを言えば、「教えの流布《るふ》」を中心とするのが宗教としての幸福の科学であり、「この世における具体的なユートピア実現の運動」が幸福の科学の政治部門としての幸福実現党の役割であると考えています。

両者は決して別のものではありません。それらを別のものだと解釈《かいしゃく》する者に対しては、「悪魔《あくま》の力」がそこに加わっていると断言するものです。

私は、「是《ぜ》が非でも、この国の背骨たらん」と思っています。「幸福実現党よ、どうか強くあってほしい」と思いますし、また、「幸福の科学に集《つど》う人々、賛同する人々、縁《えん》のある人々に愛され、育てられるような、そういう政党にしていきたい」と思います。

半年や一年であきらめるような、軟弱《なんじゃく》なものであってはなりません。宗教は、二千年、三千年と続けていくものです。この政治運動に宗教的真理が含《ふく》まれているとするならば、幸福実現党の戦いは、まだ緒《ちょ》に就《つ》いたばかり、始まったばかりです。

単なる世論調査や世間の批評に負けてはなりません。真理のために、断固として戦い続けることが肝要《かんよう》です。この世の「常識」を打ち破ることを強く願います。

第2章

悟《さと》りと政治の関係

2009年6月28日（徳島県・幸福の科学 聖地・四国正心館にて）

1　宗教家が政治的アドバイスをするのは本来の姿

釈迦《しゃか》は、国師《こくし》として、国王に政治指南《しなん》をしていた

第2章では、「悟《さと》りと政治の関係」について述べていきます。

悟りというと、宗教的な古い時代のことばかりをイメージするかもしれませんが、過去の宗教家たちが悟りを求めた時代は、その時点での〝現代〟であったのです。「現代において、どうすべきか」ということが問題であったわけです。

例えば、釈迦《しゃか》の時代は、今から二千五、六百年前です。当時のインドには、釈迦以外にも「六師外道《ろくしげどう》」をはじめとする有名な宗教家が数多くいて、競争をしているような状態《じょうたい》でした。また、政治的には、「十六大国《たいこく》」といわれる諸国が覇《は》を

競っていました。

今、仏典《ぶってん》を読めば、釈迦の教えの内容はすでに固定化したものになっていますが、当時に引き戻《もど》して、「諸国が覇を競い、インド統一を目指して争っているときに、釈迦は、どういう立場で政治的意見を述べたか。どういう国を、よい国と考え、どういう国を、よくない国と考えたか」ということを見てみると、釈迦は非常に現代的でジャーナリスティックな目で見ているのです。

例えば、釈迦は、「その国の国民が、非常に民主主義的で、平和を愛する国民であるときには、その国を攻めても勝《せ》つことはできない」というような教えを、マガダ国王に説いていています。

当時のマガダ国王は阿闍世《あじゃせ》という人ですが、あるとき、大臣を釈迦のところに派遣《はけん》し、「ある国を攻めてもよいか」と訊《き》きました。

そのとき、釈迦は、「その国は、どのような国か」ということについて、そばにいた弟子《でし》に質問を幾《いく》つか重ねたあと、「先祖を供養するなど宗教心があり、民主主義的に会議がなされていて、不正が行われず、みなが仲良く暮らし、平和を愛しているような国には衰亡《すいぼう》はない」というようなことを言い、暗に、「その戦争はしてはいけない」と教えたのです。これは、専制政治が行われているところに関しては、「そういう国は必ず滅《ほろ》ぶだろう」ということであるとも言えます。

このように、釈迦は政治的なアドバイスもずいぶんしています。政治顧問《こもん》のようなこともしていたのです。

宗教心が篤《あつ》く、「政治における正しさ」を求めていた、当時の国王たち

マガダ国は、当時、インド十六大国のなかの最強国であり、全インドの支配を目指していた国です。当時はマガダ国とコーサラ国が二大強国でした。釈迦の生まれた釈迦国は、コーサラ国の小さな属国でしたが、やがて、そのコーサラ国に

滅ぼされてしまうのです。

コーサラ国とマガダ国の王族には血縁《けつえん》関係があり、彼らは親戚《しんせき》同士だったのですが、それでも両国は何度も戦い、戦争を延々と続けていました。

このような状況下《じょうきょうか》にあって、釈迦は国師《こくし》として、「政治において何が正しいか」ということをアドバイスしていたのです。

当時においては、いろいろな宗教家が、政治的な見解を国王などに進言したり、宗教的な意見を自由に発言したりしていました。「それぞれの意見をどう見たらよいか」「この宗教家は、こう言っているが、正しいか、正しくないか」などということを発言する、言論の自由があったわけです。

そして、釈迦のところにも、国王や大臣クラスの人が直接やってきて、教えを乞《こ》うていました。釈迦が、マガダ国にいるときには、マガダ国王が霊鷲山《りょうじゅせん》に車を進め、途中《とちゅう》から石段を上がり、教えを聴《き》きに来ていました。また、コーサラ国にいるときには、コーサラ国王が有名な祇園《ぎおん》精舎に来て、釈迦から政治指南《しなん》をいろいろと受けていました。

今、私は、「国師」を名乗って本を書いたり宣伝したりしていますが、「誰《だれ》が国師に任命したのか」と思うような人もいるかもしれません。

しかし、私は、過去の転生《てんしょう》においては、そういう仕事もしていたので、決して、おかしいことではないのです。

国の政治のあり方について、「こういう方針をとるべきだ」「未来は、こちらの方向に行くべきだ」などということをアドバイスするのが国師の仕事であり、「政教分離《せいきょうぶんり》」という考えに立つのではなくて、やはり、それは、見識のある者が言うべきことであると思うのです。

また、当時の国王たちは偉《えら》かったと言えます。

彼らは、もちろん軍隊を持っていたので、僧侶《そうりょ》を皆殺《みなごろ》しにするぐらいの権力は当然持っていましたが、宗教家をきちんと尊敬し、「戦争をしてよいか」というような、国政の重大な局面においては、高名な宗教家のところへ相談に行っていました。そういう意味で、宗教心は非常に篤《あつ》かったわけです。

それが、本来のあるべき姿であると私は思うのです。

したがって、国の政治が乱れ、国難に陥《おちい》っているようなときには、その時代を代表するような宗教家は、やはり、政治に対してもきちんと意見を述べなければいけません。

そして、それが、どうしても聞き入れられないようなときには、今回、幸福の科学が幸福実現党を立党したように、ある程度、自分たちの意見を反映すべく、具体的な活動に参画することも、時代によっては、ありうることであると思っています。

お題目風に、「宗教と政治を分離さえすれば、世の中がうまくいく」と言うのは間違《まちが》いです。歴史的な見方からすれば、それは必ずしも正しいとは言えないのです。

イエスが「カエサルのものはカエサルに」と言った背景には、政治的立場が弱かったという事情がある

一方、イエスの場合は、どうだったのでしょうか。

彼が生きていた当時、教団はまだ小さく、実際に組織化もできていませんでした。宗教間の争いもあり、旧宗教からかなり弾圧《だんあつ》を受けていました。

当時、ユダヤは、ローマの属州であり、ローマの通貨が流通していましたが、あるとき、イエスは、「ローマに税金を納めることは、ユダヤの律法に適《かな》うことか」という質問をされます。

イエスが、「そのコインには、誰の肖像《しょうぞう》が彫《ほ》られているか」と聞き返すと、相

手は、「カエサルの肖像が彫られている」と言います。そこで、イエスは、「カエサルのものはカエサルに、神のものは神に返しなさい」というように答えたのです。

彼は、「この世のことは、この世において権力を持っているカエサル（皇帝《こうてい》）がやるべきであり、神の国のことが自分の領域である」というような言い方をしていますが、長い目で見ると、このイエスの言葉が、政教分離の根元《ねもと》のところに当たるようにも見えます。

しかし、彼が、こうした言い方をしたのは、「イエス自身の、政治力というか、政治的立場が現実に弱かった」ということです。

そのため、教祖自らが捕《つか》まり、裁きを受け、強盗《ごうとう》殺人犯と一緒《いっしょ》に処刑《しょけい》されてしまいます。そのとき、弟子は十人あまりしか残っていませんでした。具体的な活動期間が三年間しかなかったことも考えると、「教団の組織化には成功していなかった」と見てよいでしょう。

したがって、前述したイエスの言葉は、「そういう事情の下《もと》での意見である」ということを知らなければいけません。

宗教を排撃《はいげき》する政治家を選ぶと国難はより厳しくなる

ユダヤにおける「メシア」は、本当は国を救わなければいけないのですが、結局、ユダヤの国は、イエスの死から四十年後、ローマに完全に滅ぼされてしまいます。そして、ユダヤ民族は、二千年近く全世界を放浪《ほうろう》することになりました。

このように、神の使者を殺害したり、その人の言うことをきかなかったりした場合には、その反作用は、けっこう大きく、民族全体にかかわってくるのです。

私は、政治・経済等についても、さまざまな提言をしていますが、その方向で努力をしていけば、この国はますます繁栄《はんえい》するでしょうし、その繁栄は、世界をユートピアに導いていく具体的な力となります。

ところが、私が述べていることを、「戯言《たわごと》である」と思い、聞く耳をまったく持たず、宗教を排撃《はいげき》するような政治家を選んでいると、国難は、さらに厳しいものになってくるでしょう。

2　宗教なくしてユートピアは出現しない

唯物論《ゆいぶつろん》のマルクス主義の下《もと》では、理想的な国はできていない

今の日本の〝常識〟においては、「信仰を持っている人は弱い人である」というように見られることが多いでしょう。

戦後、日本では、マルクス主義が非常に流行《はや》りましたが、マルクスは「宗教は

アヘンである」と言っています。アヘンは麻薬《まやく》の一種であり、以前は麻酔剤《ますいざい》としても使われていました。要するに、彼は、「宗教は、人を一時的に麻痺《まひ》させ、痛みを分からなくさせる麻酔剤のようなものである」と言っているわけです。

マルクスが唯物論《ゆいぶつろん》を説いた結果、世界は長らく二分化されて、宗教界は非常に苦しみましたし、また、この考え方の下《もと》に、数多くの命がこの世から奪《うば》われていきました。

マルクス主義者たちは、革命のために暴力を使うことを肯定《こうてい》し、「銃口《じゅうこう》から革命が生まれる」などと言っています。

つまり、彼らは、「反対する者は処刑《しょけい》したり殺したりすればよい。そうして一党独裁体制をつくり、自分たちの理論どおりに政治をすれば、結果的には平等な社会ができる。党のエリートだけで支配すれば、理想的な国ができるのだ。それがユートピアである」と考えたわけですが、現実は、そうはなりませんでした。

ユートピアというのは、本当は、次のようなものなのです。

「一人ひとりが、『神の子、仏の子としての本質を持っている』ということを信じ、そのダイヤモンドのような神性《しんせい》、仏性《ぶっしょう》を輝《かがや》かせていく。

また、それぞれの人が、自分の才能に合ったところ（適材適所）で、見事に発展・繁栄《はんえい》をしていく。そして、個人として才能を伸《の》ばすとともに、会社や社会、国家など、全体としても大《だい》を成していく」

実は、こうした繁栄のなかにこそ、神の栄光、仏の祝福が得られるのであり、このような世界こそが、本当の意味における、地上ユートピアであるのです。

いくら頭のなかで理論的に考え、「こうなればユートピアになる」と思ったところで、現実には、そうはならないのです。

結果平等ではなく、チャンスの平等に満ちた国を

共産主義的ユートピア思想の間違《まちが》いの根本は、やはり、「結果平等を最終的に目指した」というところにあります。

もちろん、チャンス（機会）の平等は構いません。

例えば、「選挙というものがあり、学歴や家柄《いえがら》、収入等に関係なく、誰《だれ》もが一人一票を与《あた》えられている」ということは、政治参加におけるチャンスの平等でしょう。「どのような国をつくるか」ということが、国民に委《ゆだ》ねられているわけであり、非常にありがたいことです。

ゆえに、チャンスの平等がある国はよい国であると思います。

ただ、「結果をすべて同じにする、すなわち、努力した者も努力しなかった者も同じように扱《あつか》う」というのは困ります。

この表れの一つが、「差をつけてはいけない」という考えです。

例えば、最近では、運動会をすると、「一番から五番まで全員一等賞にする」とか、そういう幼稚園《ようちえん》などもあるようです。

こういうことを始めたら、「努力をしても、しなくても、結局、同じだ」という世界になります。子供心にも、「一番から五番までいたのに、全員が一等賞というのは、おかしいな」と思うことでしょう。

あるいは、会社であれば、企業《きぎょう》努力をして発展し、黒字で税金を納めるような立派な会社もあれば、放漫《ほうまん》経営をして倒産《とうさん》し、救済を受けるような会社もあります。この差はかなりあります。

この結果を、平等に扱うわけにはいきません。社会的評価や名声等が、それなりに違うものにならなければいけないでしょう。

やはり、結果平等を目指すのではなく、チャンスをできるだけ平等に与え、いろいろな人が自己実現していける国をつくることが大事です。

3　われわれは国難を救うべく立ち上がっている

国難を救う活動は、公益事業の一環《いっかん》である

幸福実現党は、「宗教政党」として、レッテルを貼《は》られがちですが、宗教を信じている人がみな悪人と決まっているわけではありません。憲法では、「信教の自由」は認められていますし、「信仰を持っている人は悪人である」とは、どこにも書いていないのです。

むしろ、宗教法人は、公益法人として、世のため、人のため、社会のために活動することを期待されています。「宗教とは、そういうものだ」という宗教性善《せいぜん》

説《せつ》に基づき、宗教法人は公益法人として認められているのです。

したがって、「公益活動として足らざるものがある」と見て、政治の一翼《いちよく》を担《にな》うということであれば、やはり、その活動は、立派な公益事業の延長上にあると思います。

「今は国難であって、これを何とか救わなくてはいけない」ということであれば、宗教者が立ち上がるのは、決しておかしいことではありません。それは本当に必要な仕事だろうと考えます。

国を護《まも》る気《き》概《がい》のない政治家に、国政を任せることはできない

二〇〇九年六月、韓国《かんこく》政府は、国の方針として、「北朝鮮《きたちょうせん》に対して敵地先制攻《こう》撃《げき》も辞《じ》さない」ということを発表しました。

そうでなければ、国を護《まも》れないからです。ミサイルを撃《う》ち込《こ》まれ、ソウルなど

が火の海になったら、あっという間に被害《ひがい》が十万人単位で出ることになるのです。

一方、日本のほうは、自民党も民主党も、北朝鮮のミサイル問題に触《ふ》れたら、選挙で負けるおそれがあるので、できるだけ触れないように、逃《に》げている状態です。

二〇〇九年四月、北朝鮮が、長距離《ちょうきょり》ミサイル「テポドン」をハワイ方面に打ち上げたとき、アメリカの第七艦隊《かんたい》は、迎撃《げいげき》の実験にもなるので、当然、それを撃ち落とす準備をしていました。ところが、オバマ大統領から、待ったがかかり、「そのまま通過させよ」という命令が出たために、迎撃をしなかったのです。

北朝鮮の長距離ミサイルはハワイまで約二十分で到達《とうたつ》しますが、日本は、ハワイより近いので、もっと短い時間で届きます。もし、日本に向けてミサイルが撃たれた場合、その短い時間で、オバマ大統領が、「撃ち落とせ」という命令を出してくれるかどうか、極《きわ》めて疑問です。

おそらく、日本に、そうとうな被害が出てから、やっと、「どうするか」ということを考えるようなレベルであると思われるので、その意味では、今の日本の政府と、大きくは変わらないでしょう。

したがって、われわれは、臆《おく》することなく、恐《おそ》れることなく、正論を説いていきたいと考えます。

「国民の生命・安全・財産を護る」ということは、日本国憲法の基本的な精神です。やはり、主権国家としての自覚を持ち、これをきちんと実践《じっせん》しなければいけません。これは当たり前のことであり、今こそ、日本を国際スタンダードの国にしなければなりません。

本当は政治家がそれをやらなければいけないのですが、「国を護る気概《きがい》も勇気もない意気地《いくじ》なしばかりが集まっているので、国を護る気概があり、死をも恐れぬ宗教家がやるしかない」と考え、政治活動を始めたわけです。

先の衆院選では、幸福実現党は、全国三百小選挙区に加え、比例区にも候補者を立てました。これは、自民党や民主党がなくなっても、よいような布陣《ふじん》でした。そういう戦い方をしたので、今後、宗教が再び政治に対して〝色気〟を示さないように、民主党と自民党が共闘《きょうとう》し、宗教の手足を縛《しば》りに来ることがあるかもしれません。自分たちの地位の安泰《あんたい》を目指すなら、そういうことは現実にあるだろうと思います。

その意味で、選挙のチャンスは何度もあるでしょうが、国難を救えるチャンスは、そう何度もないかもしれません。

オバマ大統領は、日本を本気で護《まも》ってくれるかは分からない

昨年、民主党政権が誕生した結果、この国は、もう一度、不況《ふきょう》に突入《とつにゅう》していこうとしています。

さらに、北朝鮮の核《かく》ミサイルが完成した場合、東京・大阪・名古屋等で、それぞれ十万人単位の死者が出るような事態が起きる可能性もあります。

民主党や自民党、その他、既成《きせい》の政党では、それを回避《かいひ》することは到底できないでしょうし、「アメリカは、どの程度、本気で日本を護《まも》ってくれるのか」についても、十分に読み切れないところがあります。

今、アメリカは、アフガニスタンで手いっぱいの状態です。さらに、オバマ大統領は、「チェンジ」という言葉を標語にして当選しましたが、それは、「ブッシュ前大統領の反対のことをする、つまり、ブッシュがやったようなことは、自分はやらない」ということです。

要するに、ブッシュ前大統領であれば、当然、北朝鮮の暴走は許さず、敵地先制攻撃も辞さないでしょうが、オバマ大統領は、しない可能性が高いのです。

したがって、「自分の国は自分で護る」ということは非常に大事です。

ちなみに、アメリカの第七艦隊は、日本には半年しかいません。小沢一郎氏は、「在日米軍は第七艦隊だけでいい」などと言っていますが、半年は、日本以外の所にいるのです。

第七艦隊は、西太平洋からインド洋まで、かなり幅《はば》広く警備しているのであり、日本にいないときに、ミサイルを撃ち込まれたら、終わりなのです。

やはり、自分の国は自分で護ることが大事であり、国が国民を護ってくれればこそ、税金を払《はら》うことに、国民も納得するわけです。

しかし、国民を護る気がないのに、税金を取り上げるというのであれば、これは、やはり許せないことです。この点について、為政者《いせいしゃ》の自覚を促《うなが》したいと考えます。

私たちは、次の時代の繁栄《はんえい》を担っています。天上界《てんじょうかい》からも期待をかけられています。その期待に応え、必ずや、新しい時代を拓《ひら》き、世界のリーダーになるべく、努力してまいりたいと思います。

第3章

愛と成功

2009年6月14日（北海道・幸福の科学 北海道正心館にて）

1 「友愛」のルーツは「ヘルメス思想」

本章では、幸福の科学においては非常に基本的な教えである、「愛」や「成功」をめぐっての考えを、政治との関連で述べてみたいと思います。

民主党の鳩山《はとやま》首相は、祖父の鳩山一郎が唱えていた「友愛」を党のテーゼとして掲《かか》げています。そのため、この友愛は、今から五十年ほど前の人の思想であるとマスコミ等では紹介《しょうかい》されています。

また、そのルーツはヨーロッパの秘密結社にあるとも言われています。それは、「フリーメイソン」という団体です。誰《だれ》でも一度は聞いたことがあるのではないかと思います。

ただ、このフリーメイソンの思想は、当然ながら、今から五十年前につくられた思想ではなく、そのルーツをさらに探《さぐ》れば、ルネッサンス期のイタリアに遡《さかのぼ》ります。

当時のイタリアでは、「ヘルメス思想」というものが非常に流行《はや》りました。ヘルメス思想は、仏教で言うならば密教に当たる部分であり、キリスト教系のなかでは一種の神秘思想とも言うべきものです。

そして、そのもともとのルーツは、実は、今から四千数百年前のギリシャに実在したヘルメスの思想にあります。ヘルメスから霊的《れいてき》な啓示《けいじ》を受けたエジプトの神官が、伝説上の神人《しんじん》ヘルメス・トリスメギストスの著作と称《しょう》して「ヘルメス文《もん》書《じょ》」を書き、新プラトン主義やグノーシス主義をくぐって、ルネッサンス期にラテン語に訳され、ヘルメス思想として広がったのです。

この思想が、ヨーロッパの伝統の底流に流れているわけです。表向きのキリスト教とは違《ちが》ったかたちの思想、教会の地下を流れているような神秘思想、霊的思想が、ヘルメス思想です。

ギリシャ・ローマの思想は、キリスト教が興隆《こうりゅう》したあと、完全に滅《ほろ》びたように見えますが、実は連綿として底流に流れていたのです。

もし、キリスト教に、こうした霊的な思想がなく、『聖書』に基づく教義のみであったならば、宗教としては実は完結しないのです。宗教として完結するためには、仏教のように、霊的な部分も持たなくてはなりません。そのため、キリスト教における密教的なるものとして、水面下にヘルメス思想が流れていました。

そして、その流れを汲《く》んだものは意外なところにも出てきています。

例えば、西洋の歴史においては、「科学の発達によって、中世的な、宗教の暗黒思想を遠ざけ、科学的な合理思想を広げてきたのが、近代および現代である」と理解されていますが、その科学の祖とも言えるのがニュートンです。彼は、科学者であり、造幣局長官《ぞうへいきょく》をしたこともある人ですが、実はフリーメイソンの一組織の総長だったとも言われています。それは、いわば秘密宗教の教祖のようなものです。

このフリーメイソンというテーマは、最近のハリウッド映画における多くの作品で、繰《く》り返し使われています。また、フリーメイソンは、「薔薇《ばら》十字会」という団体との関連も指摘《してき》されています。

そのように、ヘルメス思想は、現在も、ヨーロッパ文化の底流に深く流れているものなのです。

結局、ヘルメスは、私自身の過去世の一つでもあり、そういう意味では、「鳩山首相が民主党において友愛を掲げた」ということは、「幸福の科学に帰依《きえ》する」と宣言したものであると、私は善意に解釈《かいしゃく》しています。ただ、その友愛の内容については、まだ勉強が少し足りないようなので、幸福の科学の精舎《しょうじゃ》にて研修を受け、研鑽《けんさん》を積まれることを、心より望んでいます。

2　日本に確立すべき「三つの自由」

「信教の自由」――宗教を信ずる人が尊敬される国に

さて、本章の章題である「愛と成功」に関して、現時点での私の考え方を述べていきましょう。

まず、申し上げておきたいことがあります。

私には夢があります。その夢とは何でしょうか。それは、今の日本でまだ実現していないものです。また、幸福の科学の信者のみなさんが、日々、信仰生活を送り、伝道活動を行い、あるいは、会社での仕事等で日々を過ごしているなかで、実は、いちばん悩《なや》み、苦しんでいることとも関連するでしょう。

私の夢は、一言で言うならば、「宗教を信ずる者が尊敬されるような日本にしたい」ということです。

今の日本は、宗教を信ずる者が尊敬されるような状況《じょうきょう》にはなっていません。しかし、宗教の本来の使命から考えれば、宗教を信ずる者たちは、この世で人間として生きていながら、神、仏に近づいていこうと努力・精進し、日々、自らを磨《みが》いている人たちであり、社会的尊敬を受けて当然の人たちなのです。

そういう人たちが、戦後六十数年、あるいは、明治期からであれば百数十年間の歴史において、どちらかといえば、低く見られ、蔑《さげす》まれ、あるときには、差別され、迫害《はくがい》を受けたことが数多くあります。まことに、まことに、残念で残念でなりません。

〝この世のみに生きている人〟にとっては、肉眼では見えないものが見えたり、聞こえないものが聞こえたり、姿を見ることができない天使を信じたり、神や仏の存在を信じたりすることが、おそらくは、とてもこの世離《ばな》れした夢幻《ゆめまぼろし》の世界、昔のおとぎ話の世界のように見えもし、聞こえもするのでしょう。

しかし、真なる信仰を持って、自ら教学をし、努力、研鑽《けんさん》している者にとっては、あるとき、そうしたものの一部に触《ふ》れる瞬間《しゅんかん》があります。

あるとき、天使を見る人もいます。あるとき、亡くなった祖父母と出会う人もいます。あるとき、自らの守護霊《しゅごれい》といわれるものからインスピレーションを明確に受け取ることもあります。確かに、目に見えない世界はあるのです。

したがって、私は、「『見えないものが見える』と言う人は異常であり、『見えないものは見えない』と言っている人のほうが正常である」という現在の価値観を、何とかして変えたいと考えています。

これが私の希望の一つです。

正しい信仰に目覚め、実践《じっせん》している人々が、この世において、見下されたり、つまらない人間であるかのように扱《あつか》われたりすることに対し、これ以上、黙《だま》っていることは決してできないのです。

その意味において、宗教を信ずる者が、この世においても発展・繁栄《はんえい》する姿を見せ、人類の希望となることが大事であると思います。

また、「宗教が尊敬される国にする」ということを、別の言葉で言えば、「信教の自由が、人間の基本的人権として人々に受け入れられ、この地上において、この国において、本当に根づく」ということでもあります。本当の意味における「信教の自由」を、この世において確立したいと考えているのです。

「宗教を信ずる者が差別されることのない世の中にしたい。宗教を信じる者が尊敬される世の中にしたい」、そういう思いを原点として持っています。

「政治参加の自由」――〝無能な政治家からの自由〟を

二番目の希望として、あえて言うとするならば、〝無能な政治家からの自由〟というものを欲しています。

今、人間世界を浄化《じょうか》するためには、神の心を心とし、仏の心を心とする人たちが、この世において、正しい行動を取らなければならないと思います。

一番目に述べたことは、日本国憲法における「信教の自由」とも関係がありますが、この二番目の希望は、「宗教団体による、政治団体の結成」ということを例に取ると、憲法で定めている「結社の自由」そのものでもあります。

また、憲法には、「すべて国民は、法の下《もと》に平等であつて、人種、信条、性別、社会的身分又は門地《もんち》により、政治的、経済的又は社会的関係において、差別されない。」（第十四条）と書かれています。しかし、現実には、そうはなっていません。二番目の希望は、そのことへの意思表示でもあります。

例えば、思想・信条による差別は、現実には、なされています。「信仰を持っている」ということだけで、かなりの差別を受けている人は、大勢いるはずです。

さらに、憲法では、「思想・信条」だけでなく、「家柄《いえがら》や身分によって差別されない」ということも明確に謳《うた》われています。

これについては私も受け入れています。「新しい人々にチャンスが与《あた》えられる」ということ、そして、「未来の国をつくっていく原動力になる機会が均等に保障されている」ということは、非常に大事なことであると思います。

ところが、現実はどうでしょう。今、小選挙区制というものがあり、また、国民が頼《たの》んだわけでもないのに二大政党制ができていて、自民党か民主党に所属していなければ、国会議員になることはとても困難です。「このどちらかを選べ」というようなことになっています。私どもは、これを「不毛の選択《せんたく》」と呼んでいます。

このように、「政治参加の自由」も制限されています。

この自由な政治参加を阻《はば》むものは何でしょうか。それは、昔から「三バン」と言われている、「ジバン（地盤）・カンバン（看板）・カバン（鞄）」です。親、祖父、あるいは、それ以前の人の地盤を譲《ゆず》り受けたか。何らかの、この世的な〝看板〟があるか。〝鞄〟、すなわち、お金があるか。

この「三バン」が揃《そろ》わなければ、立候補してもなかなか当選できませんし、しかも、自民党か民主党のどちらかを選ばなければ、事実上、国政に参加できないのが現状です。これについては、「明らかに違憲《いけん》状態が続いている」と言わざるをえません。今、私は、「小選挙区制における二大政党制は違憲状態にある」と感じているのです。

やはり、新しい政治参加が自由にできるような制度をつくらなければいけません。「政治参加における自由」の創設が必要なのです。

もう〝貴族〟は結構です。世襲制《せしゅうせい》貴族は結構です。それは、昔の時代に、千年以上、経験しました。

明治維新《めいじいしん》以降、庶民《しょみん》が政治を行う時代が来たのです。せっかく、そういう制度をつくったのに、どうして昔返りをするのでしょうか。どうして江戸《えど》時代に返るのでしょうか。どうして平安《へいあん》時代に返るのでしょうか。どうして奈良《なら》時代に返るのでしょうか。

どうか、「政治参加の機会の平等」というものが最大限に保障されるようであってほしいと思います。現代の〝貴族制〟を打破しなければいけないのです。

二大政党である自民党と民主党には、両方とも、「ジバン・カンバン・カバン」を持っている世襲議員が多くいて、彼らは現代の貴族となって国政を運営し、今《こん》日《にち》のような混乱や悪政を招くとともに、国民に重税を課している状況にあるわけです。

そのため、私は、日本の政治を民主主義の原点に返そうとしているのです。それは、「古代ギリシャにおける政治」であって、今、彼らがやっている政治ではありません。

古代ギリシャにあったような、「政治参加の自由」が必要です。各人が政治に参加し、公開の討論ができる「自由の広場」を創設するべきです。公的空間に自由の広場を創設することによって、この国に対し、国民が自覚と責任を持てる体制を再構築しなければならないと思います。

二番目に、〝無能な政治家からの自由〟ということを述べました。

この言葉に対し、心当たりのある方がいないことを祈《いの》ります。抽象論《ちゅうしょうろん》として述べ、特定の方の名前は挙げませんでしたが、「私のことではない」と思う人ばかりならば、それでも結構です。

「恐怖《きょうふ》からの自由」——国家は最低限、国民の生命の安全を護《まも》れ

三番目に挙げておきたいことは、「恐怖からの自由」です。

日本国憲法には、「生命、自由及《およ》び幸福追求に対する国民の権利については、公共の福祉《ふくし》に反しない限り、立法その他の国政の上で、最大限の尊重を必要とする。」（第十三条）と書かれていて、「国民の幸福追求権」が明記されています。

国民は、「自らの幸福を追求する権利」を持っているのです。

ゆえに、国民には、自らの生命や安全、財産を護《まも》ることを、公務員に対して要求する権利があります。

また、公務員は、憲法を守ることが求められています。憲法には、「天皇又は摂政《せっしょう》及び国務大臣、国会議員、裁判官その他の公務員は、この憲法を尊重し擁護《ようご》する義務を負ふ。」（第九十九条）と書いてあります。ただ、この部分は、ほとん

ど読み落とされています。

そして、幸福追求権のなかで最低限必要なものは何かというと、やはり、「生命の安全を護る」ということだと思います。少なくとも、国家として国民から税金を取り、「国である」と名乗っているならば、これは、最低限、護らなければならない一線です。

要するに、「最低限、『恐怖からの自由』ぐらいは護れ」と言いたいのです。

北朝鮮《きたちょうせん》は、二〇〇九年の四月五日に長距離《ちょうきょり》ミサイル「テポドン」を発射し、さらに、五月には、二回目の核実験《かくじっけん》を行い、短距離ミサイルを撃《う》ち、七月には中距離ミサイルを発射しました。また、三回目の核実験の可能性もあります。

国連は制裁決議をしたものの、実質上、効果をあげているとは言えません。

また、中国は、北朝鮮に出入りする船舶《せんぱく》の貨物検査については、いつも反対をします。

それは、船のなかを調べてみたら、「中国製の武器か、その部品が入っている」ということが分かってしまうからでしょう。中国から第三国に輸出し、そこから三角貿易で北朝鮮に入っていると思われます。だから、反対するのでしょう。それ以外に理由は考えられないので、おそらく、そうだと思います。

日本は、戦後、六十数年間、営々と努力し、知恵《ちえ》と汗《あせ》と涙《なみだ》の結晶《けっしょう》として、ここまでの繁栄をつくり上げてきました。灰燼《かいじん》と化した文明が、荒廃《こうはい》のなかから再び立ち上がり、世界第二の経済大国まで、のし上がってきました。

このまま簡単に滅《ほろ》びるわけにはいきません。私たちは、これからの日本の繁栄を梃子《てこ》にして、全世界に、新しい、未来の希望をともしていきたいと願っています。この国の滅亡は断じて認めるわけにはいかないのです。

世界の最貧国の一つから、世界第二の大国が、なぜ脅《おど》されなくてはならないのでしょうか。憲法に保障されている幸福追求権の一部であり、基礎《きそ》である、「恐怖からの自由」が、なぜ護られていないのでしょうか。これについて、政治家に深い反省を求めたいと思います。

3　民主主義の本来の姿とは

権力の立場にある者は、聞く耳を持たなくなりやすい

昨年（二〇〇九年）の衆院選では、幸福実現党の街宣と、当時の麻生《あそう》首相の街宣が、かち合うこともあったようです。

幸福実現党の当時の幹事長が長野に行ったところ、麻生首相が先に、街宣車の上から演説をしており、公明党の支持者、はっきり言えば創価学会の信者たちを中心として、五百名ぐらいが集まり、それを聞いていましたが、定額給付金のば

らまきのことを、一生懸命《いっしょうけんめい》、自慢《じまん》していたそうです。

その演説のあと、幸福実現党の当時の幹事長は、「北朝鮮《きたちょうせん》が日本にミサイルを撃《う》ち込《こ》もうとしているのに、それに対して、はっきりとした態度を表明できないような首相は退陣《たいじん》すべし」と街宣をしたと言っていました。

そして、その街宣の内容が麻生首相の耳にも入ったのか、街宣車同士がすれ違《ちが》ったときには、麻生首相は白いブレザーを着ていたそうですが、いやな顔をしていたとのことでした。

しかし、言うべきことは、やはり言わなくてはいけません。

権力の立場にある者は、すぐイエスマンに取り囲まれ、聞く耳を持たなくなります。側近の意見さえ聴《き》かなくなってくるのです。一年もかかりません。すぐにそうなります。その結果、都合の悪いニュースがまったく入ってこなくなるのです。

そして、自画自賛ばかりするようになります。あっという間に民主主義の本来の姿は失われ、自分の自慢ばかりするようになるのです。

実は、われわれは、麻生内閣に対し、さまざまな提言をしていたのですが、ある時点から、麻生首相は聞く耳を持たなくなりました。やはり、国民をかなりなめていたと思います。

そこで、われわれは、「国民には、言論の自由や行動の自由がある以上、意見表明の自由や政党をつくる自由もある」ということを示さなければいけないと思ったわけです。

いじめの事実を隠蔽《いんぺい》した公立小学校と教育委員会

数年前、当会がいじめ問題に熱心に取り組んだときも同様でした。

それは公立小学校での事件でしたが、学校側は、いじめの事実があったことを、一切《いっさい》、認めませんでしたし、極力、外部の人を学校内に入れないようにし、箝口《かんこう》令《れい》を敷《し》いて教員の意見を統一しました。

また、「教育委員会に言えば、さすがに解決してくれるだろう」と私たちは信じていたのですが、教育委員会も一緒《いっしょ》になって隠蔽《いんぺい》したのです。

これには本当に驚《おどろ》きました。「これが、この世の姿なのか。こんなことがあるのだろうか」と本当に驚いたのです。学校側にとっては、子供が学校に行けなくて困っていることよりも、自分たちの職業を護ることのほうが大事なのです。箝口令を敷き、誰《だれ》に訊《き》いてもまったく同じ答えしかせず、教育委員会ともすり合わせをし、外部の人が立ち入れないようにしていたのです。驚きました。

そこで、私は、「自分たちで学校をつくるしかない」と考え、宗教系の学校を設立することを決めて、「三年以内につくる」と公言しました。そして、二〇一〇年四月に幸福の科学学園中学校・高等学校が開校したのです。

人にお願いばかりしていても駄目《だめ》なので、やるべきことは自分たちでやることが大事だと思います。

公立学校の教師の多くは、「いじめがあるのは当たり前だ」と思っているのでしょう。独占《どくせん》状態、寡占《かせん》状態になると、そうなるのです。

いじめのない学校にすることは可能です。信仰心を立て、きっちりとした倫理《りんり》性《せい》のある教育をしていれば、いじめなどは起きません。

そこで、人を批判するだけではなく、自分たちが、いじめのない学校を実践《じっせん》しようとして、学校設立に取り組んだわけです。

素人《しろうと》でも参加できなければ、本来の民主主義とは言えない

その次に、私が取り組んだのは「政治」です。

当会は、国会議員に、いろいろと意見を述べてきましたが、議員たちは、結局、

聴いているふりをしていただけでした。一部、聞き入れてくれたこともありましたが、派閥《はばつ》のしがらみだの、多数が取れないだの、何だかんだと言うだけで、ほとんど実行はされませんでした。

しかも、自民党内でも、「麻生首相はワンマンであり、人の意見を聴かない。批判に耳を傾《かたむ》けない」など、首相の悪口をたくさん言っているような状況《じょうきょう》でした。当会に来て首相の悪口を言っているような議員が何人もいて、党の体裁《ていさい》を取っていない状態だったのです。これでは駄目です。

やはり、素人《しろうと》でも参加できなければ、本来の民主主義とは言えないのです。民主主義というものは、官僚制《かんりょうせい》のように、専門技術化したものを身に付けた人だけができるような政治であってはいけません。現代は、国家が大きくなり、さまざまなことが専門分化し、難しいことはたくさんあります。しかし、素人の人たちが集まって判断したことが、国政に反映されなければいけないのです。

何十年も一つの仕事をやってきた専門家は数多くいるでしょうが、そうした専門知識を超《こ》えて、町の代表として来た人たちの声に耳を傾け、軌道《きどう》修正をするのが民主主義です。

本来、政治に参加するために資格など要《い》らないのです。経験も要りません。「人間としての良識を持っている」ということが大事なのです。

マスコミは「古きよき時代の在野《ざいや》精神」を取り戻《もど》せ

私は、著書のなかで、マスコミに対しても、厳しいことを書いてきましたが、「古きよき時代の在野《ざいや》精神を取り戻《もど》していただきたい」と、いつも思っています。

マスコミもまた大会社になり、官僚制と化し、「記者が書こうとしても、上からストップがかかる」ということは、よく知っています。

前述した「いじめ事件」のときもそうでした。取材に来た新聞記者は、「こんなことが許されるか」と、ものすごく怒《おこ》っていました。しかし、上が止めたために、一切、報道されませんでした。なぜ報道しないかというと、「宗教が絡《から》んでいる」と判断したからです。

「宗教が絡んでいると思ったら報道しない」ということがマスコミ倫理なのです。憲法の「政教分離《せいきょうぶんり》」規定のところに宗教とマスコミとの分離は、まったく書かれていないのですが、マスコミは、勝手に、そう理解しているようです。マスコミは非常に情けないと思います。

ただ、私のほうとしては、「心清く修行している者たち以外に、世直しをする人はいない」と思っているので、やはり、言うべきことは言っていくつもりです。

そして、「素人であっても、政党をつくろうと思えば、つくれるのだ」というところを、お見せしたいと考えています。

幸福実現党では、昨年の衆院選で小選挙区と比例区とを合わせて三百三十七人が立候補しましたが、驚いたことに、自民党も民主党もそれ以下の人数しか立候補しませんでした。立候補者数においては、幸福実現党が第一党だったわけです。

既成《きせい》の旧《ふる》い宗教に属している人や、旧い考え方を持っている人は、「新しい政党をつくっても、二大政党の壁《かべ》に阻《はば》まれ、どうせ一議席も取れるものか」「供託《きょうたく》金《きん》を没収《ぼっしゅう》され、ひどい目に遭《あ》うに違いない」などと言っていましたし、もっとひどいことを言う人たちは、「オウム教と同じ運命を辿《たど》るだろう」「教団自体が消滅《しょうめつ》するぞ」などと言っていました。言わせておくしかありません。

「税金ありき」の国家運営を根本的に見直さなくてはいけない

私たちは、「素人でも参加できるのが民主主義の本来の姿である。素人の意見が反映されなければ本当の政治ではない」と思います。

例えば、「消費税率を五パーセントから十二パーセントにしたら、政府の財政が均衡《きんこう》する」と考えている政府関係者もいますが、政府のなかだけで、消費税率の引き上げを決めて、それが世間に通ると思っているなら、大間違いです。

主婦のみなさんには、それに反対する義務があります。

行政サービスがよくなっているなら分かりますが、全然よくなってもいないのに、〝値上げ〟だけを行うのは許されないことです。普通《ふつう》のお店なら潰《つぶ》れます。サービスがよくならないのに値上げだけをしたら、潰れるに決まっているではないですか。

ゆえに、当然ながら、反対をする権利はあるはずです。「消費税率を上げさえすれば財政が均衡する」という考えが、「まず、ありき」では駄目です。「税金は、本来、取れないのが当然である」と思って仕事をするぐらいでなくては駄目なのです。

国民は、自分で働いて稼《かせ》いだお金に、強制的に税金をかけられています。政府は、何の権利があって、そんなことができるのですか。何の権利があって、人が稼いだお金を、十パーセント、二十パーセント、三十パーセント、五十パーセントと、税金として取ることができるのですか。

私も、長らく、七十パーセント以上、税金を払《はら》い続けてきましたが、なぜ宗教家から七十パーセント以上も税金が取れるのでしょうか。最近、やっと、五十パーセント台になってきているようなので、少しほっとしていますが、以前は、もっと多く、九割も取られていた時期もあるのです。

なぜ、自分は何の努力もしていないのに、人の収入から何割もの税金が取れるのですか。

また、なぜ、人が死んだら、相続税と称《しょう》して、家屋敷《いえやしき》を取れるのですか。それは、人が何十年も営々と働いてつくった財産であるはずです。それを子孫に譲《ゆず》りたいのは当たり前ではないですか。当然のことです。取り上げるのだったら、その理由を明確にしてほしいものです。

一生懸命、定年まで何十年も働き、家を建てたのです。家が建つのは、たいてい、四十代、五十代で、子供がかなり大きくなってからです。「晩年、何年か住む」ということのために、税金を払った残りのお金で建てた家を、相続税のために、さらに取られる人もいるわけです。

これは、いったい何ですか。政府は、どんな運営をしているのですか。どんな下手《へた》な運営をしたら、こんなことが現実にできるのですか。ビジネスの世界で、こんな運営をしたら、どんな商売をしても絶対に失敗します。

国のあり方を根本的に見直さなくてはいけません。「税金ありき」ではいけないのです。

大臣や高級官僚《かんりょう》は「全体の奉仕者《ほうししゃ》」としての姿勢を見せよ

日本国憲法をよく読んでいただきたいのです。「公務員は、全体の奉仕者《ほうししゃ》」（第十五条二項）であると書いてあります。「お上《かみ》」とは、どこにも書いていません。「国民は、お上の言うことをきけ」「総理大臣は日本でいちばん偉《えら》い」などとは、どこにも書いていないのです。

憲法には「奉仕者」と書いてあり、英訳では、「サーバント」となっています。サーバントとは「召《め》し使い」のことです。

総理大臣をはじめとする各大臣も官庁の高級官僚《かんりょう》も、みな、〝召し使い〟なのです。したがって、国民のみなさんに、サーバントとしての奉仕の姿を見せていただきたいものです。

「消費税率を上げる」というのなら、国民の前で、「どうか上げさせてください」と土下座《どげざ》をしていただきたいところです。

サーバントなら、そのくらいのことをしても当然でしょう。「サーバントが、主人の収入をピンはねして、自分の収入を増やす」というのは、どう考えても、おかしいのではないでしょうか。

大臣や高級官僚等は、要するに国民の召し使いなのですから、パブリック・サーバントです。自分たちだけで決めて税率を上げられるような立場にはないのです。主権在民である以上、ご主人さまは国民です。

ところが、召し使いのほうが、「自分たちの生活が厳しいから。もっと使いたいから」ということで、ご主人さまの収入をピンはねし、自分たちの収入にしようとしているのです。

残念ながら、現在、憲法改正ができるような状態にはありません。したがって、今のままで構わないので、せめて、召し使いとして、国民のみなさんに大いに謝罪をしていただきたいと思います。「このように決まりました」という報道だけがなされるような状態は、どうか改めていただきたいものです。

4 北朝鮮《きたちょうせん》の人たちを圧政から解放したい

日本は北朝鮮にとって敵ではなく理想像である

さらに、幸福実現党は、北朝鮮《きたちょうせん》に関して、決して、右翼的《うよくてき》な立場から単なる攻撃論《こうげきろん》を説いているわけではありません。もちろん、日本国民の生命の安全を護《まも》ると同時に、圧政下で苦しんでいる北朝鮮の人たちを解放したいのです。

北朝鮮で悪いのは上の人たちだけです。この国は、日本以上にもっと悪い人たちに牛耳《ぎゅうじ》られているので、この人たちを追放し、新しい政治スタイルをつくらなければいけません。私たちは、アジアの同胞《どうほう》として、そのお手伝いをしたいと思っています。

できれば、日本や韓国《かんこく》などが力を合わせ、北朝鮮を、自由主義、民主主義の仲間に入れたいと思うのです。

金正日《キムジョンイル》がやるべきことは簡単なことです。核兵器《かくへいき》や弾道《だんどう》ミサイルで他の国を脅《おど》すことではありません。「分かりました。では、核開発をやめ、アジアのみなさんと仲良くします。日本の技術を取り入れて、日本のような繁栄《はんえい》を目指します」と言ってくれればよいのです。

私の著書『ハウ・アバウト・ユー?』（幸福の科学出版刊）にも書いてありますが、愛の反対は嫉妬《しっと》です。彼は、自分たちが繁栄しないので、日本の繁栄を嫉妬しています。そのため、ミサイルを日本に撃《う》ち込《こ》みたくなるのです。

しかし、嫉妬している相手というものは、実は、敵ではなくて自分の理想像なのです。

彼に、「日本を破壊《はかい》したい」という願望があるのは、よく分かります。「日本の繁栄を破壊したい。かつて悪いことをした日本が繁栄し、正しいことをやっている北朝鮮が、こんなに停滞《ていたい》して苦しんでいるのはおかしいから、日本に制裁を加えたい」と考えているのでしょう。

ただ、そうした嫉妬は、根本的には、自分の理想像、自分が理想とするものにしか感じないものなのです。『ハウ・アバウト・ユー?』に書いてあるとおりです。

北朝鮮は日本のような繁栄を享受《きょうじゅ》したいのです。それならそうと、はっきり言いなさい。そうしたら、日本は、いくらでも手伝います。北朝鮮を繁栄させるために、元・宗主国《そうしゅこく》として、やれるだけのことはします。

ところが、世界の極貧国が世界第二の大国を脅しまくって、いったい、どうするのですか。こんなことをされたら、日本も軍国主義化するしかないではありませんか。

北朝鮮の指導者は狂《くる》っています。政治体制を、やはり変えるべきだと思います。

日本に「世界の人々をリードできる宗教」を

また、もし中国が北朝鮮を政治利用しているのであれば、中国にも反省を迫《せま》りたいと思います。

中国の国民は、まだまだ圧政で苦しんでいます。中国政府は国民に正確な情報をもたらしていませんし、まだ一党独裁体制です。みなさんは、中国が自由主義の国になっていると勘違いしているかもしれませんが、それは経済のレベルだけであり、政治的には一党独裁であり、完全に選択肢がないのです。

政府や共産党に反対をする者は消えるしかありません。現実に消されるわけです。そういう粛清《しゅくせい》がある国は、よい国ではありません。

私は、そう考えますが、もし、「日本は、主権国家として、国民の生命と安全を護らなくてはならない」「北朝鮮の民衆を解放したい」という、私の考えを、間違っていると思う方がいるのであれば、日本には「海外渡航《とこう》の自由」があるので、どうぞ、北朝鮮に行って、お住みください。

そこは、本当に「格差のない社会」です。マスコミなどが、よく理想としている「格差のない社会」であり、国民がみな等しく貧困と飢《う》えで苦しんでいる社会です。金儲《かねもう》けをして抜《ぬ》け駆《が》けをした人などいないところなので、格差などありません。そこで、軍人に脅されながら生活したらよろしいと思います。

よい国かどうかを判断する基準は、「人が亡命先として望むような国であるか」ということです。多くの人が行きたくなるような国は、やはり素晴《すば》らしい国なのです。

日本は、今、門戸開放をしたら、外国からたくさんの人が移住してくるような、素晴らしい国です。

ただ、もう一歩なのです。足りないのは、世界の人々をリードできるような宗教の存在です。そういう宗教が背骨として一本入らなくては駄目《だめ》なのです。

世界の人々をリードできるような宗教が、背骨として、一本、バシッと入ったら、この国は、もう一段、素晴らしくなり、その繁栄は、二十一世紀の間、衰《おとろ》えることはないはずです。

私たちは、そのための戦いをしているのです。

幸福実現党は、北朝鮮を攻撃することが目的で立党したわけではありません。北朝鮮の人たちを解放することが目的であり、金正日がきちんと反省すればよいのです。彼は、「日本のようになりたい」と言うべきです。そうしたら、助けます。私は宗教家なので、そのくらいの度量は、当然、持っています。

ただ、一方的に国民を脅すようなことは、断固、許しません。

日本は主権国家です。今、アメリカは、経済的に停滞し、衰退してきているので、日本にとっては、そろそろ、「自分の国は自分の力で護る」と考え、自立するときが来たと思います。

そのための一助となればよいと思い、私は幸福実現党を旗揚《はたあ》げしました。結果はどうあれ、とにかく、「自分たちの主張を世の中に訴《うった》えかける」ということは、世直しの一環《いっかん》であることは間違いありません。勝利に向けて、一歩一歩、着実に進んでいきたいと思います。

第二部　宗教を背骨とした国づくりを

第4章

仏の教えと時代性

2009年7月15日（宮城県・仙台国際センターにて）

1　現代人は旧《ふる》い宗教観を持っている

昔の宗祖《しゅうそ》たちも「現代」に生きていた

本章では、「仏の教えと時代性」というテーマを掲《かか》げました。これは、ある意味で、「宗教とは何ぞや」という問いでもあります。

現代の人々が持っている宗教像、宗教観というのは、要するに旧《ふる》いのです。昔の宗教しか知りません。

今、世界宗教になっていて、誰《だれ》もが知っている宗教というのは、日本で言えば、縄文《じょうもん》時代や弥生《やよい》時代のころに起きた、旧い宗教なのです。

そのため、その宗教に照らして現代の社会を見たら、まったくの別物、遙《はる》かに遠い、全然違《ちが》う世界に見えてしまいます。つまり、宗教というのが、考古学の一種か、昔に勉強した古文・漢文の一種に見えてしまうのです。

そのため、「現代において、宗教など、何らの役にも立つはずがない。そういうことはありえない」と思ってしまうわけです。

ところが、釈迦《しゃか》にしても、イエスにしても、モーセにしても、あるいは、中国の儒教《じゅきょう》の孔子《こうし》にしても、世界宗教の宗祖《しゅうそ》たち、新たに教えを説き始めた教祖たちが生きていた時代は、その時代における、まさしく「現代」だったのです。彼らは「現代」に生きていたのです。

その「現代」の人間として、例えば、孔子は、「戦争の絶えない時代において、どのようにして秩序《ちつじょ》ある国をつくるか」ということを説いていたわけです。

「知っていること」と「知らないこと」を分ける力が必要

また、ソクラテスは、人々の知的レベルのあまりの低さを嘆《なげ》きつつ、「世の中には、賢《かしこ》い人も多少はいるだろう」と思って、「賢い」と言われる人を一生懸命《いっしょうけんめい》に訪ねて議論をしてみましたが、どの人もどの人も物足りなく感じたのです。

ソクラテスの友人が、デルフォイの神殿《しんでん》で伺《うかが》いを立てたら、「世界でいちばん賢いのはソクラテスである」という神託《しんたく》が降りたため、ソクラテスは、「そんなはずはない。自分が世界でいちばん賢いわけがない。世の中にはもっと有名な賢い人がたくさんいるはずだ」と思って、名のある人をいろいろと訪ね歩いて議論をしてみたのです。ところが、どの人も物足りず、「こんなことも知らないのか。物事の本質が分かっていない」と思うことが多かったわけです。

そこで、彼が辿《たど》り着いた結論は、結局、次のようなことでした。

「『デルフォイの神殿の神託が間違っている』と言うのは不遜《ふそん》であろうから、間違いということはないだろう。

ただ、もし、自分が他の人よりも賢いとするならば、おそらくそれは、『自分は、自分が知らないということを知っている』という点であろう。

私は、『自分の知識の限界は、ここまでである』『自分は、こういうことは知らない』ということをはっきりと知っている。にもかかわらず、世間の有名な弁論家いわゆるソフィストや学者たちは、知らないことでも知ったかぶりをしている。

実は神の目から見たら、こういうところに違いがあり、『知らないことを知らないとし、知っていることを知っているとする力』を持っている人間を、デルフォイの神託は『賢い』と言っているのではないだろうか」

彼は、このように考えたわけです。これが、有名な「無知の知」といわれるものです。

この考え方は、現代でも通用します。「自分が何を知っていて、何を知らないのか」ということを知っている人、自分が知っていることと知らないことを分けられる人というのは、ある意味での賢人です。

ところが、世間には、知らないことを、あたかも知っているかのごとく言う風潮があります。

確かに、現代では情報が増え、学問の領域も広がってきているので、「あらゆることを知っている人はいない」といえば、そのとおりです。ソクラテス的な意味において、「哲学者《てつがくしゃ》が一人で何もかも知っている」というようなことは、現代ではますます成り立たなくなっています。「専門家が、自分の専門についてさまざまに言っている」という状況《じょうきょう》であり、「それらを総合したら、どうなるか」ということが、なかなか見えなくなっているのです。

実は、こうした専門家たちの意見を総合し、正しい最終結論に導いていくのが、国の指導者や政治家たちの役割であるのです。そういう人たちが、さまざまな意見を集約し、正しい結論を導いていかなければならないのです。

ただ、残念ながら、現状を見るかぎり、必ずしもそうはなっていません。

2 法律の淵源《えんげん》は宗教にある

「神との契約《けいやく》」が西洋の法律の根源

さて、現代においては、国会で法律をつくっているわけですが、その法律の淵《えん》源《げん》を辿《たど》って昔に戻《もど》っていくと、いったいどこまでいくと思うでしょうか。

有史以前の話は別にして、少なくとも歴史の記録に遺《のこ》っているもので見れば、西洋的には、法律の始めは、「モーセの十戒《じっかい》」です。モーセがシナイ山で神から授《さず》かったという十戒です。

「十戒」という映画もあるので知っている人は多いでしょう。四時間にも及《およ》ぶ長編で観《み》るのも大変な映画ですが、「汝《なんじ》、吾《わ》れの外《ほか》何者も神とすべからず」「汝、父母を敬え」「汝、殺すなかれ」など、石板《せきばん》に神の十戒が刻まれるシーンが出てきます。

十戒を法律的に分析《ぶんせき》してみると、宗教的な戒律《かいりつ》だけでなく、民法《みんぽう》や刑法《けいほう》など、現代のいろいろな法律のもとになるものも入っています。このあたりから、成文《せいぶん》法《ほう》という、明確なかたちでの法律ができているのです。

古代ユダヤにおいては、モーセの十戒以外にも、「人間と神が話し合って契約《けいやく》する」ということがあり、この「神との契約」という思想が、西洋の歴史のなかには連綿と流れています。実は西洋の法律の根源には、神との契約思想があるのです。

ゆえに、「国会で政治を行い、法律をつくる」という行為《こうい》は、宗教と無縁《むえん》ではありません。

もともと、「神と人間との契約」というのが、法律の根拠《こんきょ》なのです。

「神と契約をし、人間がその契約を踏《ふ》み外さずに生きているかぎり、神は契約に基づいて、人間の幸福を保証する。

しかし、神との契約を破ったなら、人間が不幸になったり破滅《はめつ》したりしても、神は、それについて責任を取らない。

神との契約を守るかぎり、人間の未来は幸福である。今世、幸福な人生を送ることができ、また、来世も幸福であるということを保証する」

このような「神との契約」が、西洋における法律の起源であるわけです。

仏教の戒律《かいりつ》制定の仕方は、現代の立法と同じ

一方、東洋のほうはどうでしょうか。

今から約二千五百年前、「東洋の光」と言われる釈迦《しゃか》は、教団（サンガ）において戒律《かいりつ》をたくさんつくりました。細かい戒律については、現代人のほとんどは知らないでしょう。現在、遺っているものには幾《いく》つかの種類がありますが、戒律の数は、だいたい五百条から六百条ありました。釈迦は六百条近い戒律をつくったのです。

戒律の制定の仕方は、「随犯随制《ずいぼんずいせい》」といい、弟子《でし》のなかに何か罪を犯した人が出たときに、「今後は、こういうことはしてはいけない」という戒律をつくっていくかたちでした。そのつど、新しい戒律、つまり法律をつくっていったわけです。

これは、現代の立法の仕方によく似ています。現代では、世間で何か事件が起きたときに、「これはいけない。今後、こういうことが起きないように、新しい法律をつくる必要がある」ということになります。

例えば、ウナギの産地を偽装《ぎそう》し、外国産のウナギを浜名湖《はまなこ》産と偽《いつわ》ったとか、あるいは、公務員がタクシー券を不正に使ったとか、いろいろな事件が世の中では起きますが、そのつど、議会で法律や条例をつくり、対応をしていきます。

これは、釈迦のつくった戒律と基本的には同じ考え方です。釈迦教団では、何か事件が起きたときに、その時点において、「何が正しいか」ということを考え、「以後、このようにしなさい」という戒律をつくり、それを守らせました。もし、戒律を破った場合には、破った程度に合わせた処罰《しょばつ》がなされたのです。

例えば、「マーナッタ」といって、一週間ぐらいの反省期間を言い渡《わた》されることがありました。「一週間、独りでこもって反省しなさい」と命じ、謹慎《きんしん》させることが、処罰の基本でした。

釈迦教団でいちばん厳しい裁きは何かというと、「教団追放」です。教団にいることができず、外に出されるということであり、これがいちばん厳しい裁きだったのです。「サンガのなかで修行することが許されなくなる」というのが、死《し》刑《けい》に相当する刑罰《けいばつ》であったわけです。

この意味で、仏教というのは、非常に平和的な教えです。イスラム教では、戒律を破ったら、手足を本当に切り落としたりしますが、仏教はそうではないのです。死刑に当たる極刑《きょっけい》というか、いちばん厳しい裁きが教団追放なのです。

そして、教団追放になった場合、もう誰《だれ》とも付き合えなくなるかといえば、そのようなことはなく、「世俗《せぞく》の世界に還《かえ》り、普通《ふつう》の人と同じ生活に戻る」というだけのことです。要するに、「修行者としては適さない」ということなのです。

現代的に言うならば、大学の学生が試験でカンニングをしたとき、「君は学校追放だ。退学処分にする。けれども、別に刑務所《けいむしょ》に入れるわけでもないし、ほかの学校に行くことを禁ずるわけでもない。ただ、この大学には置かない」と言われるようなものでしょう。これが仏教における最高刑だったということです。

イスラム教の過酷《かこく》な刑罰《けいばつ》は、現代の人権思想に合わない

仏教には非常に平和的で寛容《かんよう》なところがあり、一週間程度の反省から教団追放までが、刑罰《けいばつ》の幅《はば》でした。

一方、イスラム教の場合は、かなり厳しいところがあります。窃盗《せっとう》をしたら、まず、右手を切り落とします。二回目には左足を切り落とします。そのように、順番に手足を切られていき、四回犯すと、最後は手も足もなくなってしまうのです。そういう残酷《ざんこく》な刑があります。

それから、イスラム教国で、身分のある王女などが、両親が認めていないよう

な男女の付き合いをした場合、それが、現在の西洋世界で言えば、ちょっとした恋愛《れんあい》や同棲《どうせい》などに当たるレベルのものであっても、かなり厳しい刑罰が課されます。

愛情のある付き合いであっても、周りが認めていないような男女関係が見つかった場合には、砂のなかに首まで埋《う》められ、石打ちの刑で殺されるようなこともあります。見せしめとして、たまに行われることがあるのです。

このように、宗教でも、刑罰に対する温度差はかなりあります。私は、イスラム教の刑罰のあり方は、専制政治における過酷《かこく》な処罰や処刑などに近く、少し厳しすぎるのではないかと思います。教えのレベルでそうなっているわけですが、教えが旧《ふる》くなりすぎていて、現代の人権思想には合わないので、やや修正の余地があると考えています。

イスラム教が日本になかなかなじまない理由は、そういうところにもあるだろうと思います。

私は、若いころ、大手総合商社に勤務していましたが、会社には、ジープなど車両の輸出の仕事で、イラクやイランなどの砂漠《さばく》地帯の国に行っている人もいました。

そういう人は、現地で長く駐在《ちゅうざい》していると、やはり、お酒を飲みたくなることがあります。ところが、向こうでは、大人であっても、お酒を飲んだら犯罪になり、刑務所に放り込《こ》まれるのです。

すると、そこから救い出すのがけっこう大変だったりすることがあります。

そのため、駐在員にときどき休暇《きゅうか》を与《あた》え、「スイスあたりに行って飲んできなさい」というようなかたちをとることがありました。

また、駐在期間が長くなると、妻帯者であるにもかかわらず、独身と偽って現地の女性と結婚《けっこん》してしまう人もいます。その場合、もし、日本に奥《おく》さんがいることが発覚すると大変なことになります。

私が商社に勤めていたころ、実際にそういう人がいて、その人は、「殺される」と言って逃げ回っていました。「このままでは、二度とイスラム圏《けん》に足を踏み入れられない。うまく現地を脱出《だっしゅつ》してきたが、もし現地に帰ったら死刑だ」と言っていました。

そのように、原理主義というのは、非常に怖《こわ》い面があります。あまりにも厳格に当てはめると、度が過ぎてしまい、人間が幸福になれないことがあるのです。

3　神仏の教えにも「時代性」がある

宗教にも時代に合わせたイノベーションが必要

過去の宗教家のなかには偉《えら》い人が数多くいますが、日本で言えば縄文《じょうもん》時代や弥生《やよい》時代のころの人が多く、ムハンマド（マホメット）でも、日本の聖徳太子《しょうとくたいし》の時代に近いので、その教えは、現代ではやはり旧《ふる》くなっています。

その意味で、宗教にも、ときどきイノベーション（変革）が必要なのです。そこに、新しい宗教が出てくる理由があります。旧いままでよいならば、新しい宗教が出る必要はないのですが、やはり時代は変わっていくため、客観的な人間の幸福感というか、人間の扱《あつか》われ方が変わってくるのです。

昔の宗教では、人間の値打ちがとても低く見られていることが多いので、軽微《けいび》な罪を犯しただけで、すぐに殺されてしまったり、体に重大な刑罰《けいばつ》を加えられるようなことが、数多くありました。

これは、宗教だけの話ではありません。例えば、今から二千年ぐらい前の古代中国でも、罪を犯すと、すぐに処刑されたり、鼻を削《そ》いだり耳を削いだりするような、見るに堪《た》えない残酷《ざんこく》な刑罰がありました。

その意味では、さまざまな反省に基づいて、時代は進化してきているのです。

結局、法律の淵源《えんげん》には、実は宗教があり、その宗教のもとには、神の教え、仏の教えがあるわけですが、やはり「時代性」というものが大事であるということです。

たとえ神の声が啓示《けいじ》として降りてきたとしても、あるいは、仏が教えを説かれたとしても、二千年、あるいはそれ以上の歳月《さいげつ》を経て、「現在であれば、宗祖《しゅうそ》がどう言うか」を考えると、やはり違《ちが》ってくる部分はあります。その意味で、新しい宗教が必要になってくるのです。

世間の人たちは、「二千年も三千年も続いている旧い宗教は、正しくて間違いがないけれども、新しい宗教のほうはおかしい」などという言い方をしがちですが、新しい宗教が次から次へと出てくるのには、理由があるのです。

神仏がいるということは、天上界《てんじょうかい》から地上の人間を指導している存在があるということであり、そういう存在は、「地上の社会の変化に応じて、その時代に合った指導をしたい」という気持ちを、当然、持っていると考えてよいわけです。

そうであれば、神仏に、「新しい教えを降ろして、新しい宗教をつくりたい」という気持ちがあって当然です。

ところが、旧い宗教のほうが抵抗《ていこう》してしまい、教えをなかなか変えようとしないのです。

例えば、イスラム教では、改宗したら死刑になります。それは、「神の教え」によるものというより、時間をかけて、そういう怖《こわ》い宗教につくり上げていったということです。キリスト教など、他の宗教に負けるのが嫌《いや》なので、「他教に改宗すると死刑にする」という法が現代でも残っているわけです。

そのため、幸福の科学も、海外伝道をするときに、イスラム教にはけっこう手を焼いています。直接、改宗させると死刑になるおそれがあるため、なかなかそうもできず、苦労しています。

イスラム教徒のなかでも、中華圏《ちゅうかけん》の華僑《かきょう》あたりだと、かなり移動性を持っているので、少し緩《ゆる》やかなところがありますが、がちがちのイスラム教徒の場合は、なかなか壁《かべ》を破ることができないでいます。そこで、今の段階では、日本語教育などを通して、幸福の科学の教えを少しずつ浸透《しんとう》させるところから始めています。

旧《ふる》い宗教には、現代では通用しない〝化石化〟した部分がある

宗教の教えには、必ず、時代性というものがあります。

たとえ、仏陀《ぶっだ》の教えであったとしても、二千年、三千年という歳月を経てくると、やはり、その間《あいだ》に〝塵《ちり》や垢《あか》〟がたまりますし、現代では通用しない〝化石化〟した部分が、どうしても出てきます。

例えば、前述した釈迦《しゃか》仏教の戒律《かいりつ》のなかには、托鉢《たくはつ》に関するものがあります。当時、出家修行をしていた僧侶《そうりょ》たちは、最初は一日二食でした。朝と夕方に村へ行って托鉢し、二回、食事をしてもよかったのです。

ところが、あるとき、一人の弟子《でし》が夕方に托鉢に行ったときに事件が起きました。色が黒くて背の高い、怖い感じのお坊《ぼう》さんが勝手口にぬっと現れたところ、ちょうど、夕立《ゆうだち》であたりが暗くなっていたため、その家の奥《おく》さんが、鬼《おに》が出たか

と勘違《かんちが》いし、驚《おどろ》いて倒《たお》れてしまいました。その人は妊婦《にんぷ》だったので、それが原因で流産してしまったのです。

釈迦は、それを聞いてショックを受け、以後、「夕方の托鉢は相成《あいな》らない」という戒律を定めたわけです。

それで、托鉢は午前中の一回だけになり、一日一食になってしまいました。「午後には、汁物《しるもの》など、水分はとってもよいが、食べ物を食べてはいけない」という、厳しい状態になりました。

その戒律を現代にそのまま通用させるのは、やはり無理があるでしょう。

一方、イスラム教では、一年のうちの一カ月間、ラマダンの月には、日の出から日没《にちぼつ》まで断食をします。

また、イスラム系の飛行機に乗ると、パイロットからＣＡ（キャビン・アテンダント）までが、礼拝の時間になると一緒《いっしょ》に床《ゆか》にひざまずき、メッカの方向に向かって拝み始めます。イスラム教では、一日五回、礼拝をしなければいけないことになっているのです。自動操縦をしているので大丈夫《だいじょうぶ》なのでしょうが、「もし飛行機が落ちたらどうするのだろう」と、少し怖い感じがします。

ニューヨークあたりでは、イスラム教徒のタクシー運転手が増えているので、ときどき、車から降りて礼拝を行っている姿を見かけますが、やはり何とも言えない違和感はあります。

フランスやドイツなどでは、イスラム系移民のスカーフの着用が問題になっています。「『女性はスカーフをまとえ』と、教えに書いてあるから」ということで、学校にスカーフをしていくのですが、それがいじめの対象になったりするため、学校側は「普通《ふつう》の格好にしてほしい」と言うのに対し、「宗教で定めている義務だから、スカーフを取ることはできない」と言って裁判で争ったりしています。

しかし、このようなことは普遍的《ふへんてき》なものではなく、風土の問題であると思います。イスラム教が起きた地域は砂漠《さばく》地帯であり、スカーフなどの日除《ひよ》けが必要だったため、おそらく、そういう決まりが制定されたのでしょう。

寒いところや暑いところなど、地域によって服装が変わるのは当然です。それを無視して、教えをそのまま守り続けたら、不都合が生じることがあります。

4　宗教的精神を大事にする社会風土を

脳死を「人の死」と定義した日本の国会

日本の政府は、二〇〇九年七月、衆議院の解散間際《まぎわ》に、議論を十分に詰《つ》めないまま、臓器移植法の改正案を無理やり通してしまいました。

脳死による臓器移植の問題については、幸福の科学も、十数年前から意見を述べていますが、死を定義するのは難しいことです。

しかし、国会で法律をつくれば、人をどうにでも扱《あつか》うことが可能であり、前述したイスラム教のような刑罰を定めることもできるわけです。

例えば、「万引きをしたら、右手を切り落とす」という法律を、国会議員が過半数で可決したら、万引きをした人は、本当に右手を切り落とされることになります。あるいは、「万引きをしたら、死刑に処す」という法律を国会議員が決めたら、本当に死刑にできるのです。国会議員にはそれだけの権限があるのです。

「神の教え」ではなく、人間の多数決によって決まるわけです。「神に代わり、数百人の人間の良識と判断に任されている」という意味で、国会議員は、とても重要な責任を担《にな》っていると考えなければいけません。

私は、かなり以前から、「脳死の段階では、人は死んでいない」ということをずいぶん述べてきたのですが、解散間際のどさくさに法案を通されてしまったので、しかたがありません。

今後は、医者が、「脳の機能が止まった」と言えば、それで人は死んだことになるということです。

しかし、実際には、脳死状態になってから数カ月後に出産した女性もいますし、脳死状態になったあとに身長が十センチも伸《の》びた女の子もいます。脳死状態でも体が成長するのです。

これは、やはり、「死んでいる」とは言えないでしょう。単に「臓器が欲しい」というだけのことです。「臓器が欲しいけれども、医者の罪悪感をなくしたいので、死んでいることにしてほしい」ということでしょう。

臓器を提供する本人に、「自分の臓器を差し上げても構わない」という気持ちがあり、移植を受ける側も、感謝の気持ちで受け、自分が生き長らえた分、きちんと社会貢献《こうけん》するなどしてお返しの人生を送るならば、トータルで見て臓器移植も悪くはないと思います。

しかし、「臓器を移植する」という行為《こうい》のために、「人の死の定義」そのものを変えてしまうことは間違《まちが》いだと思います。

やはり、死の定義ができるのは宗教家です。なぜ宗教家に訊《き》いてくれないのでしょうか。私たちは、生と死の境、そして、死後の世界の専門家です。医者は、人が死ぬ前までの専門家ですが、死んでからあとは、私たちが専門家なのです。

ゆえに、「生と死の境界線をどこで引くか」については、対等な議論をするだけの資格が宗教家にはあると考えます。

私は、数多くの体験から、「どの時点で死と言えるか」ということは明確に分かっているのですが、私たちの長年の主張が十分に反映されず、一部の意見として聞かれただけで終わったことはとても残念です。

私も、幼い子供たちが新しい命を得て生き長らえ、社会で活躍《かつやく》できるようになること自体は、よいことであると思っています。ただ、人間機械論的な思想が定着したり、「どうせ死ぬのだから、臓器を取ってもよい」という安易な思想が流《は》行《や》ったりすることに対しては、強く反対しておきたいのです。

中国では、死刑を執行《しっこう》された囚人《しゅうじん》から臓器を取るということが行われています。「死刑囚は、どうせ死ぬのだから」ということで、死刑囚からの臓器移植がかなり行われているようです。

しかし、「どうせ死ぬのだからよい」ということであれば、人間はいずれ死ぬので、死刑囚であろうとなかろうと同じことになります。そのため、人間の命が粗末《そまつ》に扱われないように、これからも十分に気をつけなければいけません。

科学と宗教が融合《ゆうごう》した未来社会をつくる

その意味において、科学万能だけでは駄目《だめ》であり、科学と宗教が融合《ゆうごう》する必要があると考えます。それも、「イノベーションをして現代に適合するようになった宗教と、科学とが、見事に融合して未来社会をつくっていく」という姿が理想的なあり方であると思うのです。

科学だけでは、歯止めがきかないところがどうしてもあります。世の中には、理性だけで考えてもうまくいかないことが、いくらでもあるのです。

人間には感情があります。さらに、人間は共同で生活していくものなので、共同生活をしていく上でのルールをつくることが必要です。

理性だけで考え、人間を機械のように考えることは簡単ですが、例えば、駐車《ちゅうしゃ》場《じょう》や車売り場に車が並んで止まっているのと、人間が講演会場などの座席に座っているのとは、同じではないのです。

もし、車が止まっているのと同じにしか見えないのであれば、その目は狂《くる》っていると言わざるをえません。人間は、それぞれ個性を持ち、人格を持った、尊重されるべき存在なのです。

文系・理系共に、さまざまな知識や才能があると思いますが、みな自分の専門だけに偏《かたよ》って考えがちであるので、どうか、専門の領域を少し出て、もっといろいろなものの考え方を身に付けるようにしてほしいと思います。

「宗教も一つの教養である」ということを知っていただきたいのです。

宗教を拒絶《きょぜつ》する戦後の風潮を変えるために

この国においては、宗教と聞くと、まず拒絶《きょぜつ》するような〝訓練〟が、戦後、長くなされてきました。

二〇〇九年に幸福実現党を立党してまもなく、世論調査を行ってみたことがあります。幸福実現党が立てている政策について、どの政党の政策であるかを分からないようにして、広告関係の会社を使って調査し、それぞれ何パーセントぐらいの支持が出るか、アンケートを取ってみたのです。

そのなかで支持率がいちばん低かったのは、「公教育において、個別の宗教ではない、いろいろな宗教に通用するような普遍的《ふへんてき》な宗教教育を導入したほうがよい」という政策です。この政策に対する支持率がいちばん低く、十数パーセントしかありませんでした。

それ以外の、「医療費《いりょうひ》を安くする」とか、「税制度を変える」などといった政策のほうは、支持率がもう少し高く、五十パーセントを超《こ》えているのですが、「個別の宗教を教えるのではなく、普遍的な宗教的精神を大事にする教育も入れたほうがよい」という政策案は、いちばん支持率が低く、二十パーセントを切っていました。

やはり、この国は、戦後、少し間違った方向に行ったのではないでしょうか。

私は、憲法改正に関して、政教分離《せいきょうぶんり》の問題についてもずいぶん意見を述べています。

政教分離も結構ですが、それが宗教を否定するようなかたちで使われていくことは間違っています。人間として本来あるべき姿を求める心や、神仏に向かって向上していこうと努力する心など、まっとうな信仰心《しんこうしん》を持った人間を、おかしい人たちだと見るような土壌《どじょう》や風土が出来上《できあ》がっていくのであれば問題です。先進国が、そうした唯物論《ゆいぶつろん》に染まるようになってはいけません。

宗教のなかには、よきものがたくさんあります。先進諸国においても、宗教のなかのよきものは受け入れています。宗教では説かれていないような、技術的なこと、この世的なことについては、自分たちの頭で考えて判断していますが、普遍的で大事なことについては、宗教から考え方を取り入れようと努力しています。

今、「宗教的精神が大事である」と言うと、世間からはあまり人気がないのですが、単に〝お客さま〟のニーズを聞いて、それに合わせるだけでは駄目だと思うのです。

例えば、ものを売る場合でも、お客さまが、その新しい商品についてまだよく知らないために敬遠することもあります。

卑近《ひきん》な例で言えば、私は、徳島県の田舎《いなか》から出てきて東京の大学に入りましたが、東京に来て、生まれて初めてグレープフルーツを食べたのです。そうしたら、とても苦《にが》かったので、「どうして、こんな苦いものを売っているのだろう。どうして、世間の人たちは、こんなものを果物として食べているのだろう」と疑問に思いました。

それで、友達に訊くと、「君は何を言っているんだ。砂糖をかけるんだよ」と言われたのです。私は、果物は最初から甘《あま》いものだと思っていたので、砂糖をかけて食べる果物があるとは知らなかったのです。

そのように、よく知らなかったり、あるいは、単なる〝食わず嫌《ぎら》い〟であったりして、「宗教は悪い」「宗教はおかしい」と考えるような風潮があるならば、そのまま素直《すなお》に聞くわけにはいきません。やはり、きちんと教えてあげる必要があると思います。

私たちは、政党をつくるに当たって調査をし、「世間の人は、こういうことを望んでいるらしい」ということを知ったわけですが、それに単に迎合《げいごう》するような政策だけを掲《かか》げればよいというものではないのです。

世間の人が、間違っている場合、まだ知らない場合、気付いていない場合には、「いや、このようにしていかなければいけないのです。このようにしていくことが正しいのです」と、強く訴《うった》えかけ、教えていくことも大事な仕事であると思います。

幸福実現党の政策のなかには、国民にとって耳触《みみざわ》りのよいものも入っているとは思いますが、国民が抵抗《ていこう》を感じるようなものであっても、大事なことについては、強く打ち出していくだけの勇気を持たなければならないと考えています。

幸福実現党の挑戦《ちょうせん》に対して、まだまだ向かい風は厳しいかもしれませんが、努力して、その向かい風に立ち向かい、前進していくことを心より祈念《きねん》してやみません。

第5章

宗教立国の精神

2009年7月12日（栃木県・幸福の科学 総本山・正心館にて）

1　幸福実現党立党の引き金

本章では、「宗教立国の精神」に関して述べたいと思います。

幸福実現党という政党をつくるに当たっては、最初に、「幸福実現党宣言」という題で、二〇〇九年四月三十日に幸福の科学総合本部で説法をしたのですが（『幸福実現党宣言』〔幸福の科学出版刊〕所収）、「そういう説法をする」と決めたのは、総本山がある栃木県宇都宮《とちぎけんうつのみや》でした。

その直前の四月二十六日に郡山《こおりやま》支部で説法を行い、宇都宮で少し静養してから東京へ帰るつもりでいたのですが、宇都宮にいるとき、心に降りてくるものがあり、「どうやら、『宗教団体としての名前を出さずに特定の政党や候補者を裏から応援《おうえん》する』という段階は終わったのかな」ということを感じたのです。それは四月二十九日だったと思います。

それを宇都宮にて感知し、三十日、東京で説法をしたのです。

それまでの十数年においては、政策本位、あるいは立候補者本位で、ある程度、共鳴、共感できる政党や候補者に対して、一部、教団の勢力を割《さ》いて応援することはよくありましたが、「どうやら一つの段階が終わったのかな」と感じたのです。

そのもとを辿《たど》れば、おそらく、私が、海外伝道で諸外国を回り、いろいろな国の主要都市で講演をしていたことに行き着くでしょう。

世界の情勢を見ながら説法をし、日本というものを外国から見たときに、「このままではいけない」という思いが、ずっと積もっていたような気がします。そのような目で日本の政治というものを見ると、とても心もとない感じがしたわけです。

私は、宗教家としての分《ぶん》を守り、心の教えだけを説いていれば、どこからも攻《こう》撃《げき》を受けることなく、日々を平穏《へいおん》に過ごせる幸福は維持《いじ》できたのですが、あえて、波風を起こす道を選びました。

それは、海外を回ってみて、「日本という国が、果たすべき役割を果たしていない」ということを感じていたからでもあります。

過去にも何度か述べましたが、幸福実現党立党の具体的な引き金は、昨年（二〇〇九年）の四月五日に北朝鮮《きたちょうせん》からミサイルが発射されたことでしたが、その時点ではまだ、政治運動にまで入るとは考えていませんでした。

しかし、その後、政府の対応はどうだったかというと、日本という国の置かれている立場から見て、発言しなければならないことがあるにもかかわらず、それができていませんでした。その現状に対して、やはり、「一石を投じるべきではないか」という気持ちが強くなったのです。

2　政党もマスコミも憲法改正問題を避《さ》けている

安《あ》倍《べ》元首相の守護霊《しゅごれい》が言っていたこと

昨年の七月十二日は、東京都議選の投票日でしたが、その日の明け方ごろ、安倍元首相の守護霊《しゅごれい》が私のところに来て、話しかけてきました。

それで、話を聴《き》いたのですが、私に対して一生懸命《いっしょうけんめい》に謝り、「幸福の科学さんに、たいへん迷惑《めいわく》をかけた」と言っていたのです。

「北朝鮮《きたちょうせん》のミサイル問題、特に核《かく》開発問題は、本来、政府や自民党（当時）が取り組むべき問題であるのに、それをせずにいて、あなたがたに迷惑をかけました。宗教団体として、『ミサイルに対して防衛せよ』『しっかりと国防をしなければいけない』と言わなければいけないのは、つらいでしょう。

本当は、これは政治の仕事であり、本来、与党《よとう》自民党（当時）がやらなければいけない仕事です。それを、あなたがたが、今、政党までつくって、やろうとなさっているのに、自民党は内紛《ないふん》状態で何ら舵《かじ》が取れない状態にあります。これについては、まことに申し訳ないと思っています」

安倍元首相の守護霊は、このように言っていました。

憲法改正も、実は、安倍政権がやりたかったことであったのですが、政権を投げ出したかたちになって、頓挫《とんざ》してしまいました。そこで、私のほうから憲法改正案を出して、「憲法を改正すべきである」ということまで言っています。

このことについて、安倍元首相の守護霊は、こうも言っていました。

「これは、自民党も、したくてしたくて、もう十年も二十年も前から取り組んでいたのに、できないでいることです。ただ、この問題、特に憲法九条問題を選挙の争点にしたら、マスコミに叩《たた》かれ、必ず選挙に負けるので、争点にしたくても挙げられずにいます。本当は『幸福実現党の言うとおりだ』と思っているけれども、みな、勇気がなくてできないでいるのです。

だから、幸福実現党の方々が、辻説法《つじせっぽう》をして、『北朝鮮のミサイル攻撃《こうげき》を、断固として阻止《そし》しなくてはならない』などと言っているのを見ると、本当に、何か申し訳ない気持ちでいっぱいです。

宗教が、防衛・国防問題も扱《あつか》っていれば、憲法改正問題も扱っており、それから、国の景気回復策、不況《ふきょう》からの脱出策《だっしゅつ》まで、一生懸命、訴《うった》えておられるのを見ると、政治の無為無策《むいむさく》に対し、非常に情けない気持ちでいっぱいです」

安倍元首相の守護霊は、このようなことを述べたあと、「できれば、私も幸福実現党に入りたいぐらいです」と言っていました。本人は、表面意識では、そうは言わないと思いますが、守護霊レベルでは、「本当に、幸福実現党に入って、旗を振《ふ》りたいぐらいの気持ちです」と言っていたのです。

さらに、安倍元首相の守護霊は、このようにも言っていました。

「自民党では全然できない。一歩も進まない。何をやっても会議が進まない状態です。

そして、このまま、むざむざと、マスコミが言っているように民主党の政権になるかと思うと、もう、はらわたを掻《か》きむしられるような思いがします。

自分が総理のときにやろうとしていたことが、政権が民主党に移ることによって、全部、潰《つぶ》れて、すべて正反対になっていくのであれば、ああ、非常につらい。

憲法改正用の国民投票の法案まで通して、時機を待っていたような状態であったのに、なんと、その意志を継《つ》いで行動してくれているのは幸福実現党であって、自民党ではない」

その意味では、実際には、幸福実現党が〝自民党〟なのです。自民党の後継者《こうけいしゃ》は、本当は幸福実現党であり、今、自民党に残っているのは残骸《ざんがい》です。残骸が暴れ、生き残ろう、生き延びようとして、あがいている状態なのです。

そして、安倍元首相の守護霊は、民主党に関して、やはり、「国防上、非常に大きな危機感、危惧《きぐ》の念を持っている」と述べていました。

民主党政権で危機に陥《おちい》った日米関係

さて、オバマ政権下の駐日《ちゅうにち》アメリカ大使の候補に挙げられていて、結局、任命されなかったのですが、ジョセフ・ナイ（ハーバード大学の行政・政治学大学院ケネディ・スクールの元学長）という、知日派の方がいます。

この方は、昨年の衆院選前に、「日本が民主党政権になったら、日米関係は大変なことになる。日本の民主党は、日米関係を壊《こわ》すようなことばかりを、ずっとやってきている」というようなことを発言していました。

こういうこともあって、民主党は少し腰《こし》が砕《くだ》け、それまで断固として反対していたことについて、あまりはっきり言わないようにし、衆院選のマニフェストの内容を、ぼんやりとしたものに薄《うす》めたりしました。

しかしながら、民主党は当初よりアメリカの民主党関係者から、インド洋での、米軍への給油活動支援《しえん》の打ち切りをはじめ、いろいろな面で、「アメリカに非協力的な政権である」「このままでは日米関係が破綻《はたん》する」と見られていたのです。

一方、鳩山《はとやま》首相は、「選挙では、自民党とは反対のことを言わなければ勝てないので、いちおう、反対のことを言っているだけであり、政権を取ったら、コロッと変わって、自民党と同じになるから大丈夫《だいじょうぶ》だ」と考えたのかもしれませんが、それがそう簡単に実現できるわけがありません。

民主党には左翼《さよく》勢力がそうとう入り込《こ》んでいて、旧社会党系が半分以上も入っているので、それほど簡単にはいかないのです。

そのため、「日米関係は非常な危機に陥《おちい》るのではないか」ということを、日本に民主党政権ができる以前から、アメリカの民主党も心配していたのです。

そのなかで、自民党も民主党も、北朝鮮の核開発やミサイル問題については、選挙の争点とすることを意図的に避けました。

さらに、テレビや新聞も、それを追及《ついきゅう》せず、小さなニュースとして流したり、学者だけに議論させたりして、政党の問題にしようとしないで逃《に》げていました。

自民党や民主党だけではなく、マスコミも、この問題から逃げています。なぜなら、この問題はタブーであり、怖《こわ》いからです。

戦後のタブーの一つとして憲法九条問題があります。宗教そのものにおける信仰が失われ、「平和憲法さえ守っていれば、日本は安全で幸福になれる」という〝憲法信仰〟が立ったわけです。

憲法が御本尊《ごほんぞん》か、憲法九条が御本尊か、よく分からないのですが、「憲法を守ってさえいれば、未来永劫《えいごう》、日本人は幸福に暮らせる」というような信仰が立っていて、それを、学校教育やマスコミ報道も含《ふく》めて、六十数年間も続けています。

そのため、現実には、平和ボケしている状態なのですが、この信仰が崩《くず》れてしまうおそれがあるので、憲法改正について何も言えないでいるのです。

こういうタブーがあって、憲法を変えようとしない現状があります。そこで、私は、大手のマスコミについても批判をしているのです。

マスコミは一種の官僚《かんりょう》制と化し、前例主義に陥っている

さらに、大手マスコミは、昨夏の衆院選においては、幸福実現党について、ほとんど報道しませんでした。

地方紙や地方のテレビ局などは、わりと素直に報道することもありましたが、

中央のマスコミのほうは、極力、触《ふ》れないようにしていました。やはり、これも一種の官僚《かんりょう》制です。

そのことについて抗議しても、「今まで、こうでしたから」と言って前例主義を取るのですが、「それは、あなたがたが批判している官僚制そのものではないですか」と言わざるをえません。

つまり、大手のマスコミも官僚制であって、「これまでの時代がずっと続いていく」という未来ビジョンに基づいて経営設計をしているのです。何かが変わることを非常に嫌《いや》がっています。

昨夏においても、マスコミは、「自民・民主の二大政党が覇《は》を競う」というビジョンしか考えておらず、それ以外の政党が出てきて、何か、大きな揺《ゆ》さぶりが来るようなことは想定していなかったため、「自分たちが考えていないようなことが起きては困る」と考えていました。そのような力学が現実には働いていたのです。

前述した安倍元首相の守護霊は、幸福実現党がマスコミ批判をしていることについても頭を下げていました。「自民党も民主党もできないことを、平気でなさっているので、本当に頭が下がります」というようなことを言っていました。

幸福実現党は、「怖いもの知らず」と言えば、そのとおりですが、職業政治家として首をつなぎたければ誰《だれ》にも言えないことを、平気で言っているわけです。

そのため、「政治家の生殺与奪《せいさつよだつ》の権を握《にぎ》っている」と信じているマスコミは、「自分たちが考えるとおりの政策や発言をしなければ、選挙には通してやらない。あえて正反対のことを言ってくる幸福の科学と幸福実現党は、ものの数に入れない」と考えて、今も報道しないようにしているのでしょう。そのように感じています。

3　宗教立国を宣言した「憲法試案」前文

国づくりのビジョンがなければ憲法は書けない

私の『新・日本国憲法 試案』と、その前に著《あらわ》した『幸福実現党宣言』（いずれも幸福の科学出版刊）は、法律論、憲法論から入って、国の枠組《わくぐ》み、あり方についてまで述べています。先入観のある人は、「宗教などが、政治で何ができるか」と言いたいところでしょうが、読むと分かるように、書いてあることは、実は、専門家が読んでも、けっこう厳しいというか、高度な内容なのです。

今、「百三条ある日本国憲法を、十六条で書きなさい」という試験を出されて、書ける憲法学者は、日本には一人もいないでしょう。

「今ある憲法に何条か付け足す」「一部の文言を修正する」というぐらいのことはできても、「根本的に改め、百三条ある憲法を十六条にしてしまう」ということができる人は、日本には、今、一人もいないのです。これは、彼らの能力を超《こ》えていることです。

やはり、本質的なものとしての、国の骨格が見えて、「どういう国づくりをするか」というビジョンを持っていなければ、憲法を書くことはできないのです。「新・日本国憲法 試案」の全条文を新聞にも発表したので、反論らしきものが少し出てきていますが、それは、主として、「これは、すべての宗教の代表になりうる考え方かどうか」というような論点と、「大統領制が独裁政にならないか」というような論点です。

この大統領制に関連して、「天皇制のところで、裏に何か意図があるのではないか」と考えて、右翼《うよく》系が探《さぐ》りを入れてきたこともありました。このあたりの論点に、疑問点が挙がってきているようですが、これについては後述します。

「憲法試案」前文の趣旨《しゅし》――宗教立国を目指す

「憲法試案」の前文には、「われら日本国国民は、神仏の心を心とし、日本と地球すべての平和と発展・繁栄《はんえい》を目指し、神の子、仏の子としての本質を人間の尊厳の根拠《こんきょ》と定め、ここに新・日本国憲法を制定する。」と書きました。

結局、この前文の趣旨《しゅし》は何かというと、「日本は宗教立国を目指す」ということです。それを、はっきりと宣言したのです。

これは非常に重要なことなのです。戦後の日本において、「宗教立国を目指す」ということを、憲法前文で宣言することは、ある意味で、一種の革命です。

戦後、日本人は、宗教の勢力をできるだけ小さくして無視できるような国家運営をし、そうした社会をつくろうとしてきました。「そのほうがうまくいく」と信じていた人たちの群れが日本人であったと思うのですが、そこに、あえて宗教立国の精神を打ち立てているのです。

それは、人間観の問題であり、人生観の問題であり、宇宙観の問題であると考えます。

「人間は、基本的に、どういう存在なのか。肉体を持って、この世に生きているだけの存在なのか。それとも、肉体のなかに、もっと高貴な魂《たましい》が宿っている存在なのか」

これは、一つの人間観でもありますし、哲学《てつがく》でもあります。唯物論《ゆいぶつろん》的に、「人間は機械である」という哲学を選ぶのか。それとも、「人間は、高貴な魂が宿っている存在である」という哲学を選ぶのか。この「どちらの哲学を選ぶのか」ということが、まずは大きく問われていると思います。

現在の「信教の自由」に関しても、左翼系の人たちは、「信じない自由もある」

ということをよく言いますが、基本的に、彼らは、「真理、真実というものは分からない」ということに立脚《りっきゃく》しています。「真実は分からないから、『何でもあり』というかたちにしておかないといけない」という考えであるのです。

しかし、私たち幸福の科学の二十数年間の活動は、「実在世界、あの世の世界は現実にある」ということを証明するための戦いでもあったと思います。「真実は一つ」という観点から見ると、どちらかでなければいけないわけです。

やはり、「『霊《れい》は存在する。神仏といわれるものが、現に、この世を超えて存在し、人類を導いている』という価値観や宗教観、世界観を受け入れるか、受け入れないか」ということは、非常に大きな選択《せんたく》であるのです。

宗教立国が世界の国々の主流である

宗教に基づいて国家をつくっているのは、未開の人種だけではありません。先進国も、ほとんどが宗教立国をしているのです。

キリスト教国においてもイスラム教国においてもそうですし、今は違《ちが》うかもしれませんが、以前には、儒教《じゅきょう》に基づいて立国していた国もありました。また、今も、仏教に基づいて立国している国もあります。

このように、宗教に基づく立国というものは、どこの国にもあるのです。

また、国際情勢や国際常識から見れば、宗教を信じていない人は動物と同じであり、そういう感覚を持つことが、グローバルスタンダード（国際標準）なのです。

外国に入国あるいは居住しようとするとき、書類の宗教欄《らん》に「なし」と書いたら、「この人は人間か」と疑われます。それが、世界の常識であることを、日本人は知らないで過ごしてきているわけです。

例えば、キリスト教国であれば、「信仰がない」ということは、「死んだら、埋《まい》葬《そう》する所がない。教会の墓地に入れてもらえない」ということを意味しています。神を信じない人たち、宗教に属さない人たちは、通常のかたちでは埋葬してもらえないのです。

イスラム教国も、信仰を持っている人が百パーセントの世界です。それから、仏教国も当然あります。

世界の大勢《たいせい》を見れば、やはり、「宗教を信じている国づくり」というものが主流なのです。

幸福の科学の運動は、人々の人間性を高める社会啓蒙《けいもう》活動

宗教を信じていないのは、壊《こわ》れてきている共産主義国家の人たちです。

マルクスは「宗教はアヘンだ」と述べました。彼は、宗教について、要するに、「人をごまかし、陶酔《とうすい》させ、麻痺《まひ》させるものであり、現実逃避《とうひ》をさせる麻薬《まやく》のよ

うなものである」という扱《あつか》いをしたのです。

そのマルクスの意見に則《のっと》って国をつくった、共産主義、社会主義国家のみが、宗教を否定しているわけです。

日本には、マルクスのその考え方が、戦後、根深く流れています。特に、安保世代である今の指導者層あたりにはそれが根深く入っているのです。

私たちは、その戦後体制を、今、引っ繰《く》り返そうとしています。

宗教立国を目指す上では、反対勢力が出てきて、一つの戦いにはなるでしょう。これは、賭《か》けと言えば賭けですが、真実は一つです。「どちらのほうが、より、人間を向上させ、社会を向上させるか」ということを考えてみるべきです。

出版社や書店など出版の世界では、幸福の科学の運動を、単なる宗教運動ではなく、社会啓蒙《けいもう》活動として理解してくれている人も非常に多くいます。

実際、書店関係者のなかには、「幸福の科学の教えには普遍性《ふへんせい》があるし、魂を高貴なものに変えていく力があります。その内容を勉強すると、人間性が高まりますね。ですから、幸福の科学の運動を啓蒙活動として見ています」と言ってくださる人もいます。「啓蒙活動の一環《いっかん》として良書を刊行している」と理解してくれている人が多いわけです。

このように、私たちは宗教立国を目指しているのです。

4　「基本的人権」の根拠《こんきょ》とは

キリスト教会の都合でつくられた、「人間、罪の子」の思想

『新・日本国憲法 試案』では、「神仏の心を心とし」「神の子、仏の子としての本質を人間の尊厳の根拠《こんきょ》と定め」と書いてありますが、「これが、どの程度、宗

教をカバーするか」という論点はあるでしょう。

「神仏」という言葉や、「神の子、仏の子としての性質が人間に宿っている」という考え方は、日本神道においても仏教においても十分に理解できるので、日本的宗教観においては、おそらく、九十数パーセントぐらいの理解、共感を得られるものであると思います。

この考え方であれば、日本人の九十パーセント以上の人に受け入れてもらえるでしょう。

ただ、「日本に一パーセントぐらいいるキリスト教徒に受け入れられるか」という問題があります。

キリスト教徒のなかには、これとは違《ちが》う考え方をし、「人間は罪の子である」と言う人もいます。「人間は神の子ではない。神の子はイエス・キリスト一人だけであり、人間は罪の子だから、その考え方は間違《まちが》っている」という考えもあるのです。

しかし、『聖書』を読めば分かるように、イエスは自分のことを「神の子」ではなく、「人の子」と言っています。ほかの人も人の子なので、要するに、「自分はほかの人と同じである」ということを言っているわけです。

また、キリスト教が一神教かといえば、必ずしもそうとは言えない面もあります。イエスを祀《まつ》っているのか、イエスが父と呼んだ人を祀っているのか、はっきりしない面がありますし、イエスの母親を信仰《しんこう》する「マリア信仰」もあります。ゆえに、キリスト教を一神教と言うことには疑問があります。

さらに、キリスト教では、「主なる神が、アダムとイブを、リンゴ（知恵《ちえ》の樹の実）を黙《だま》って食べた罪により、エデンの園から追い出した」という神話を信じていますが、それが本当であれば、この神は、ずいぶん心の狭《せま》い農家のような神であると私は思います。

その神を想像してみるに、「うちのリンゴを盗《と》って食べただろう。町から追い出してやる」と言っている、農家のおやじが思い浮《う》かんでくるのです。

そういう神話を持ってきて、「人間は、リンゴを盗って食べたので、罪の子である」という性悪説を説いているわけです。

しかし、「そのために、未来永劫《えいごう》、永遠に罰《ばっ》される」というのは、信じがたい話です。

また、『旧約聖書』の「創世記」にも、「神は、アブラハムに、『あなたの一人子であるイサクを燔祭《はんさい》として捧《ささ》げなさい』と言い、アブラハムが本当にイサクを小羊のように縛《しば》って薪《たきぎ》の上に載《の》せ、屠《ほふ》ろうとしたときに、『子供を殺してはならない』と言って止《と》めた」という話があります。

こういう、罰する神から、人間を罪の子とする思想が流れており、その思想から見て、一部の人からは、「『人間は神の子、仏の子』という考え方は、宗教全体を包括《ほうかつ》する考えではない」という言い方をされることもあります。

ただ、私は、それに対して異議を唱えます。それは違うのです。

その考え方の中心にあるのは、キリスト教の歴史のなかで、弟子あるいは教会筋がつくってきた神学なのです。基本的に私はそう見ています。

教会にとっては、人間が罪の子であるほうが都合がよいのです。そのほうが、教会は安定的に職業を維持《いじ》することができるからです。

つまり、「病人がいれば、病院は安定的に経営を続けられる」ということと同じです。「人間が罪の子であれば、その人たちを回心《かいしん》させる仕事を続けることができる」ということが、この考え方の背後にあるように思います。

近代の人権思想は「人間、神の子」の思想から出ている

しかし、近代の憲法や法律を見れば、そこに流れている考え方は、「人間は罪

の子である」という考え方とは、やはり違うと思うのです。

例えば、アメリカ合衆国憲法のもととなった、アメリカの独立宣言の文章を読むと、「自然と自然の神のさまざまな法則により」とあった上で、"all men are created equal"（すべての人間は平等につくられている）と書いてあります。「自然の神」（Nature's God）という言い方がされていますが、「人間は"equal"（平等）につくられている」と書いてあるのです。

また、南北戦争において、「ゲティスバーグの戦い」という、天下分け目の決戦に北軍が勝ったあと、リンカン大統領は、その地にて、「人民の、人民による、人民のための政府」という有名な言葉が出てくる演説を行いましたが、そのなかには、やはり、"all men are created equal"という、独立宣言の言葉が引用されています。「人間は平等につくられている」という言葉が、ここでも使われているのです。

この、「人間は平等につくられている」ということが、もし、キリスト教で言うように、「悪人、あるいは罪の子として平等につくられている」ということであれば、そこから、近代の法学である憲法学やその他の法律すべてに流れている「基本的人権は尊い」「国民主権」などという考え方が出てくるはずがありません。また、「多くの人が投票によって選んだ人に国政を任せる」という民主主義の考え方が肯定《こうてい》されるはずがありません。

もし人間が悪人の集まりであれば、投票によって選ばれるのはマフィアのボスのような大悪党《だいあくとう》でしょう。悪人たち、罪の子、罪人《つみびと》たちが投票して選ばれる者は、刑務所《けいむしょ》のなかの親分ぐらいです。これでは、「刑務所のなかで、誰《だれ》をボスにするか」ということになってしまいます。

しかし、民主主義とは、そうしたものではないはずです。

アメリカの独立宣言やリンカンの演説にある、「人間は平等につくられている」

という言葉のなかには、明らかに、「神の子としての本質、尊厳、そういう立派なものが人間のなかに宿っている」という思想が流れており、それが、キリスト教のなかにも入っていることは絶対に否定できないのです。

これを否定したら、近代の憲法や法律がすべて反故《ほご》になってしまいます。憲法や法律は、すべて、「強盗《ごうとう》やごろつきの仲間がつくったルール」ということになり、この世界は、アル・カポネが支配しているような世界であることになってしまうのです。

「エデンの園から人類を追放したことは正しい。そういう神の思想が正しい」という考えであれば、「むしろ、ヒトラーのように、『人間は罪の子だから、みな、殺してしまえ。罪人だから、殺されるのは当然だろう』と考えた人が、神のような立場である」という考えにもなりかねません。それでは近代人権の思想とは合わないのです。

結局、近代のキリスト教国における「人権思想」というものは、日本で言う「人間は神の子、仏の子である」という考え方と同じものであり、表現が違うだけなのです。

「憲法試案」前文で、従来の基本的人権が高度に昇華《しょうか》された

「新・日本国憲法 試案」に出てくる「仏の子」という言葉は、仏教では最初からあるものです。仏教では、「仏子《ぶっし》」や「仏性《ぶっしょう》」という言葉が出てきます。仏教は、「人間は、みな、本来、仏と同じような素質、性質を持っていて、それを修行によって磨《みが》き出せば、仏になることができる」という考え方を持っているのです。

また、日本神道にも、やはり、「人間の魂《たましい》のなかに、神としての存在の部分がある」という思想が連綿としてあります。

宗教思想においては、宗教のあり方を説明する言葉として、「神人合一型《しんじんごういつがた》」と「神人隔絶型《かくぜつがた》」という言い方があります。

神人合一型とは、「神と人間が一つになれる」という考え方です。「人間は、修行すれば、仏に近づいていける。菩薩《ぼさつ》になり、如来《にょらい》になれる」という考えは神人合一型でしょう。

神人隔絶型とは、「神は、遠い世界の偉《えら》い存在であり、人間は、遙《はる》か下のほうにいて、神とはまったく離《はな》れている」という考え方です。そういう考え方の宗教もありますが、私は、「神と人間とは、まったく別なものではない」と思っています。

例えば、神を、「わが父」と呼んだのは、歴史上、イエスが最初です。父親、あるいは母親でもよいのですが、親というものは、優しい面と厳しい面の両方を持っています。

その両面を持っている神が、言葉を使い分け、「神と人間には、似たところがある」と言ったり、「神と人間とは違う」ということを強調して言ったりしているにすぎないのです。

基本的に私はそう考えています。

したがって、「キリスト教は『憲法試案』前文の考え方に包括されない」という批判は間違いです。

表現の違いはありますが、前文の「神」という言葉には、キリスト教的な神も、日本神道的な神も、それ以外の宗教の神も入っていますし、「仏」という言葉には、仏教的なものの考え方も入っています。そして、私は、「そうした、神の子、仏の子としての本質があるからこそ、人間は尊く、それが基本的人権のもとである」ということを主張しているわけです。

そうでなければ、人間は単なる機械、あるいは虫や動物と同じであり、それほど尊いはずがないのです。やはり、「人間は、神仏の一部分を宿しているために尊い」ということが、基本的人権の根拠なのです。

憲法試案には、「基本的人権」という言葉を特に書きませんでしたが、「従来の憲法に載《の》っている基本的人権は、この前文の内容によって、実は、もっと高度なものに昇華《しょうか》されたのだ」と考えてよいのです。

すなわち、「人間は、魂があるかないか分からず、ロボットのようなものなのか、精神性がある生き物なのか、分からないけれども、とにかく、この世に生まれた以上、その生存を保護する」というレベルの基本的人権ではなく、「人間は、もっと大事なものを持っている。要するに、基本的人権には、本質的に、神の権利そのものではないけれども、〝基本的神権〟に近いものがある」というところまで、もう一段、人権のレベルを引き上げたのです。

「人間は、神の子、仏の子だからこそ、尊い義務を背負っており、向上・努力する必要がある」と考えるわけです。

「憲法試案」の第二条で、すべての宗教が包含《ほうがん》される

もし、前文における、「神の子、仏の子」「神仏」という考え方から漏《も》れる宗教があるとしても、それは、第二条で挙げた、「信教の自由は、何人《なんぴと》に対してもこれを保障する。」という言葉のなかに入れることが可能だと思います。

いろいろな宗教がありますが、この「信教の自由を何人に対しても保障する」と言っているところで、すべての宗教が包含《ほうがん》されると思います。

あえて、「信教の自由」を挙げたのは、「宗教法人幸福の科学の活動と、幸福実現党の動きとは、いちおう、一定の線を引いて分ける」ということを意味しているのです。

宗教法人の立場から言えば、「信教の自由は、何人に対してもこれを保障す

る。」という条文ではなくて、「エル・カンターレ信仰を国教とする」という条文を、本当は入れたいところですが、それを踏《ふ》みとどまって、仏教やキリスト教、儒教《じゅきょう》、日本神道、イスラム教など、いろいろな宗教に対して、新しい宗教も含《ふく》めて、「信教の自由は保障する」と言っているのであり、これは、「政治の原理と宗教の原理を、きちんと分けている」ということなのです。

これによって、この憲法から独裁的なものや全体主義的なものが出てくることは、基本的にはないと言えます。最初から、多様な考え方を受け入れ、人間の尊さや、いろいろな宗教のあり方を認めているわけです。

5　憲法試案における「大統領と天皇」

憲法試案の「大統領制」は、独裁政を防ぐ仕組みを持っている

憲法試案の第四条では、「大統領は国家の元首であり、国家防衛の最高責任者でもある。」と書きました。これに対して、「大統領制が独裁政を生むのではないか」という考えもあるでしょうが、私は、「任期を定めてよい」ということを、『新・日本国憲法 試案』の第２章（『新・日本国憲法 試案』講義）に、はっきりと書いてあります。「一期を五年とし、二期十年までどうか」という案を私は出しています。

任期を憲法に明記していない理由は、知事選などでは、三選、四選が行われて

いる場合もあるからです。他の候補よりも優れた知事がいたら、三選される場合もあるでしょう。実際、今の東京都知事も三期目に入っています。

そのため、任期を憲法で一律に決めてよいかどうか、一定の疑問はあります。提唱者としては、一期五年、二期十年ぐらいまでにしたほうがよいと思っていますが、任期は、国会で審議《しんぎ》し、法律のレベルで決めたほうがよいと考えます。

憲法試案の第三条に、「大統領の選出法及《およ》び任期は、法律によってこれを定める。」と書いてある以上、大統領令によって、終身制にしたり、自分で自分の任期を決めたりすることはできないので、大統領が独走することはありえません。

また、第七条には、「大統領令と国会による法律が矛盾《むじゅん》した場合は、最高裁長官がこれを仲介《ちゅうかい》する。二週間以内に結論が出ない場合は、大統領令が優先する。」と書いてあるので、大統領令が優先し、何でもできると思う人もいるかもしれません。

しかし、「大統領令の場合は、行政の命令系統をスムーズに執行《しっこう》するためのものを中心にする」ということであり、基本的には、「それ以外の一般《いっぱん》的な法律は国会において決める」という考えです。

そのなかで、競合する部分、相互《そうご》に抵触《ていしょく》する部分が出てくることもあるでしょうから、「その場合には、最高裁長官を介在《かいざい》させて調停をさせよう」という趣旨《しゅし》で、この条文を入れているわけです。そういうかたちで、住み分けはするつもりです。

それについては、大統領令法や新しい国会法など、憲法の附属法令をつくれば済むことなので、簡単に行えます。「ここまで」という区分を明確にすればよいだけのことです。

したがって、「独裁政につながる」という批判は当たっていないと言えます。

権限や責任がある人を元首とし、天皇は文化的象徴《しょうちょう》に

天皇制については、第十四条で、「天皇制その他の文化的伝統は尊重する。しかし、その権能、及び内容は、行政、立法、司法の三権の独立をそこなわない範《はん》囲《い》で、法律でこれを定める。」と書きました。

これに対して、右翼《うよく》の一部は、「日本国憲法では、第一章第一条から『天皇』となっていたのに、この『憲法試案』では、後ろのほうに動かして、文化財産のように述べているのが、けしからん」と言っているそうです。

右翼の人たちは、「あくまでも天皇を元首としたい」と考えているようですが、元首であれば、権限と責任がなければならないと思います。「権限も責任もない元首」というかたちは、やはり通用しないでしょう。

現行憲法における、「天皇に権限も責任もなく、下にいる者が決定し、責任を

負っている。天皇に対しては助言するだけである」というかたちは、非常に複雑な構造です。

例えば、核《かく》ミサイルが飛んでくるような事態であれば、それに立ち向かう人には、権限が必要ですし、それに伴《ともな》って責任も生じます。「国民を見事に護《まも》れるか」ということについて責任が生じるので、責任が取れない今の天皇を元首と言うのは基本的におかしいと思います。

現在の皇室のあり方を見ると、現実には、やはり、文化的、歴史的な象徴《しょうちょう》としての存在になっていると思います。

その証拠《しょうこ》に、二〇〇九年七月、北朝鮮《きたちょうせん》がミサイルを七発撃《う》ったとき、天皇皇后両陛下はカナダへ行かれていて、向こうで子供たちに子守唄《こもりうた》を歌っていました。

これは天皇が文化的存在であることを意味しています。もし国政の責任者であれば、そのようなことはしていられません。飛んで帰ってきて、何か対応しなければいけませんが、そうしなかったのは、そういう立場にないからです。

雅子妃《まさこひ》に関しても、ここに問題があるのだろうと思います。

皇族は国民なのか国民でないのかもはっきりしていない状況《じょうきょう》です。皇族も、税金は払《はら》っていますが、参政権はなく、これでは、国民なのか国民でないのかもよく分かりません。ある意味で、天然記念物的な扱《あつか》いをされていて、非常に気の毒な面があります。

雅子妃の場合も、実は適応障害を起こしているのです。権限や責任がはっきりとある仕事ならよいのですが、それがないために、中途半端《ちゅうとはんぱ》で非常に苦しいわけです。象徴という存在は非常に苦しいものなのです。

天皇制そのものは日本の歴史と共にあるものなので、大事にしたほうがよいと私は思いますが、大統領制あるいは首相公選制を採り、国民の直接選挙で元首を選び、トップがしっかりと行政責任を取れるようにしたほうが、これからの危機の時代にはふさわしいと思います。

今の議院内閣制で、国会と連動して首相が選ばれるかたちであると、紛糾《ふんきゅう》して何も決まらないことがあります。首相が決めても、すぐ撤回《てっかい》になったりするのは、各派閥のボスや元首相などから、横槍《よこやり》がたくさん入り、決定が引っ繰《く》り返るからです。首相が決めたことが引っ繰り返る。また、引っ繰り返る。これの連続です。これでは外国から信用されないはずです。

きちんとした「行政権の独立」がないから、そういうことになっているのです。議院内閣制では、行政と立法とが癒着《ゆちゃく》している状態です。これは、やはり分けたほうがよいと思います。

以上が、私の憲法試案の基本的な趣旨です。

これから、国の骨格、あり方から根本的に改めていきたいと思います。

幸福実現党は、宗教団体を母体とする政党ですが、志は遙《はる》か遠くにまであります。この国の未来を救い、光り輝《かがや》かせるものにしたいと思っています。

第6章

千年王国の理想について

2009年7月20日（京都府・ウェスティン都ホテル京都にて）

1　「幸福実現党」立党の趣旨《しゅし》

京都に想《おも》う

私は、ときおり京都に行くことがあります。京都は、ある意味で、私の魂《たましい》のふるさとでもあります。

東京にいるときは、「常在戦場《じょうざいせんじょう》」、すなわち、いつも戦場にいるつもりで仕事をしていますが、ときどき魂を休めるために京都に行くのです。京都は瞑想的《めいそうてき》な所であり、自分の心の原点に立ち返るときに、よく行く所です。

思い起こせば、京都の地を初めて踏《ふ》んだのは、十六歳《さい》の春、高校二年生に上がる春休みのときでした。一人旅をしたのも、そのときが初めてです。当時、京都大学の哲学科《てつがくか》に在籍《ざいせき》していた兄が、「遊びに来い」と言うので、兄を頼《たよ》って一週間ほど京都に行ったのです。

徳島から船で和歌山港まで行き、和歌山港から電車を乗り継《つ》いで三条に出て、そこから、バスに乗って銀閣寺道《ぎんかくじみち》で降り、日が暮れるなか、兄の下宿を探してウロウロしながら行ったのを、ついこの前のように思い出します。

もう四十年近い歳月が過ぎました。当時の京都には、路面電車が走っていて、私にとっては非常にエキゾチックな町でした。

その後も、南禅寺界隈《なんぜんじかいわい》や哲学の道は、「いったい何回歩いたか」が分からないほどで、そこを歩きながら、いろいろなことを考えたものです。

幸福の科学を立宗《りっしゅう》する前にも、一人旅で京都に行きました。雨のなか、哲学の道を歩き、南禅寺を散策しました。革靴《かわぐつ》で行ったのですが、靴が破れてバコバコになり、足が濡《ぬ》れてしまって、それを見るにつけても、「前途《ぜんと》多難であるな」と感じたことを覚えています。

そのあと、会社を退社して立宗したわけですが、そのように、京都は、私が迷っていたり、苦しんでいたり、悩《なや》んでいたりするときに、よく訪れては、思索《しさく》し、瞑想する所でもあります。

その意味で、東京とは対照的な場所です。新幹線に乗ると、京都からわずか二時間あまりで東京に着きますが、東京駅に降りるや否《いな》や、世界はガラリと変わります。東京は人の歩く速度が速く、それを見るたびに、「戦場に帰って来たのだな」と、いつも感じています。

そのように、私の魂は、「静寂《せいじゃく》のなか」と「戦場のなか」との両方を常に行き来しているように思うのです。

「この国の政治に一本、精神的主柱《しゅちゅう》を立てたい」

本来、宗教というものは、今述べたように、「心の静寂を常に求める」という傾向《けいこう》を持っていますが、私は、二〇〇九年五月、幸福実現党を立党いたしました。政党をつくると、どうしても、戦いの波動が出てきます。政治活動においては、当然、競争があるからでしょう。そのため、当会に、宗教として別な面が一つ出てきたことは否めないと思います。

しかし、私の本心は、本書の冒頭《ぼうとう》に掲載《けいさい》した『幸福実現党の目指すもの』という小文に書いてあるとおりです。

幸福実現党の立党の趣旨《しゅし》は、「この国の政治に一本、精神的主柱《しゅちゅう》を立てたい」ということです。そういう希望を持っています。さらに、「最終的には、ユートピア創りのための、一つの前線基地と言うべきものをつくらなければいけない」

という気持ちで立党しました。

戦後、占領軍《せんりょうぐん》は、「日本を弱くするためには、どうしたらよいか」を考えた結果、「宗教を弱くすれば、日本は弱くなる」ということが分かりました。「戦前の日本が非常に強かった理由は、やはり、宗教が強かったことにある。そこで、宗教のところを骨抜《ほねぬ》きにしてしまえば、この国はクラゲのようになって弱くなるだろう」と考え、日本から〝背骨〟を抜いてしまったのです。

すなわち、この国を弱くするための方法の一つとして、「宗教を弱める」という政策がとられたわけです。その表れの一つが、「政教分離《せいきょうぶんり》」という、政治と宗教を制度的に分離しようとする考え方であり、もう一つは、教育と宗教を分離しようとする考え方です。

要するに、「政治と教育から宗教を遠ざけさえすれば、この国を弱くすることができる」ということを占領軍は考えたのです。

これは、逆に言うと、「政治と教育に、宗教が一本、精神的な柱を立てたら、この国は強くなる」ということです。

戦後の六十数年間、日本は、繁栄《はんえい》を享受《きょうじゅ》できたとは思いますが、クラゲのように漂《ただよ》っていた面があることは否《いな》めません。

「国際社会において、この国の発言力はとても低く、イニシアチブをとれるレベルにはない」ということは、非常に残念なことであると思います。

国際会議の場でも、日本の首相は、「ちょっと写真に写るだけ」という〝付け足し〟のような感じで出ている状態であり、何らリーダーシップを発揮できないでいます。この状況《じょうきょう》は、まことに悲しいことです。

経済大国になったところで満足していたら、その経済大国もまた不況《ふきょう》の大波のなかで漂い始めています。いまだに敗戦意識を引きずっていて、方途《ほうと》なきまま、荒海《あらうみ》のなかを、暗闇《くらやみ》のなかを、ただただ光を求めて漂っているように見えます。

私は、「この国のなかに一本、やはり、精神的なる主柱を立てたい」という強い強い希望を持っているのです。

2　宗教なくして国家の繁栄《はんえい》はありえない

宗教は、「人々の努力を促《うなが》す」という機能を持っている

戦前は、天皇制による国家神道が国の柱でしたが、現在は、象徴《しょうちょう》天皇制と言われるように、天皇に実権はありません。占領軍《せんりょうぐん》との妥協《だきょう》の産物として残されているような状況《じょうきょう》であり、ある意味で、文化的存在や歴史的存在として存続しているわけです。

占領軍は、「国家神道が、この国を暴走させた」と見ていたので、日本国憲法

にいう「政教分離規定《せいきょうぶんりき てい》」には、「天皇に実権を持たせない」という意味合いが非常に強く表れています。

ただ、私は、「宗教が尊敬されない国は、おそらく、長い繁栄《はんえい》を享受《きょうじゅ》することはないであろう」と思うのです。

それは、なぜかと言うと、宗教は、「人間から見て遥《はる》かに尊い存在を信じる」というかたちをとることが多く、その「信じる」という行為《こうい》は、「人間を謙虚《けんきょ》になさしめ、努力・精進へと導く。自らを高めようとする努力を促《うなが》す」という機能を持っているからです。

宗教によって、神仏の呼び方はいろいろあるでしょうが、もし、神仏という尊い存在がなければ、人は、傲慢《ごうまん》になり、自分たちの考えが万能であるかのように錯覚《さっかく》しがちであるのです。

人々に見識がなければ、民主主義は衆愚政《しゅうぐせい》へ転化する

民主主義という制度は、歴史的には、「最善の制度である」とは考えられておりません。どちらかと言えば、「悪王による暴政から自分たちを護《まも》るために、民主主義という制度が肯定《こうてい》されてきた」というのが真相です。

君主制あるいは国王制等の場合、よい国王が出れば、当然、国民は幸福になれますが、悪王が出たときには非常に悲惨《ひさん》なことになります。

悪王がすることとは何でしょうか。民《たみ》をいじめ、虐《しいた》げること。非常に厳しい税金を課すこと。また、国を富ます方法を知らず、国を疲弊《ひへい》させること。これらが悪王の条件です。

こうした悪王を制度的に追放するために、近代では、民主主義という制度が肯定されているのです。国民は、選挙によって、統治者の一群をいつでもクビにで

きるようになっていて、一種の「永久革命」が制度化されているわけです。

ただ、民主主義の制度には、もちろん弱点があります。それは、「『悪王を防いだり、追放したりする』という機能を持ってはいるが、『最善の人を選ぶ』という機能は必ずしも持っていない」ということです。民主主義の根本は、「多数決によって物事を決める」ということですが、その多数決においては、見識の有無が必ずしも反映されないのです。

例えば、日本にも、見識の高い立派な方は数多くいます。そうした方々が、国の政《まつりごと》に参加してくれればよいのですが、たいていの場合、彼らは本業に全力を投入していることが多く、なかなか選挙には出てくれません。

そのため、今は、「政治家というよりは、政治屋に近い人たちが、自分の職を護るために、延々と政治運動を続けている」というような状況になっています。非常に残念なことです。

今、日本は、ある意味での分岐点《ぶんきてん》に差し掛《か》かっています。民主主義が繁栄主義となり、真に人々を幸福な方向へ導いていくものとなるのか。それとも、民主主義が、一種のポピュリズム、つまり、人気取り政策による政治へと転化していくのか。その分かれ目に来ています。

多数の票をとにかく集めれば、国をも支配できるので、民主主義はポピュリズムへと転化しやすく、さらにその次は、衆愚政《しゅうぐせい》へと転化しやすいのです。そして、政治学においては、歴史上、「衆愚政が最悪の政治形態である」と言われています。

民主主義は、実は、最悪の政治形態に直結しやすい制度であり、私は、今、それが現実のものとならないかを危惧《きぐ》しているところなのです。

3　あの世や魂《たましい》を否定する戦後の流れを清算せよ

日本の言論《オピニオン》が偏向《へんこう》している理由

民主主義を担保するものは、やはり、良識であり、見識ある意見の存在です。

ゆえに、オピニオンリーダーが正しい言論を吐《は》いていることが重要ですし、特に現代においては、発達したマスコミが、見識ある意見を持ち、人々を啓蒙《けいもう》する力を持っていることが非常に重要であろうと思います。

ただ、マスコミは、それぞれの専門家に意見を訊《き》いて報道しているわけですが、そのマスコミ情報の源流である学者のところに、間違《まちが》いがとても多いのです。ここが問題です。

そして、その間違いの根源は何かというと、日本の学問界では、戦後、一種の反動が起き、「日本的なるものを否定することが進歩的であると捉《とら》える傾向《けいこう》が非常に強くなった」ということです。

例えば、公教育においては、「戦前から続いている日本的なものを否定することが、進歩的である」と考えられています。また、宗教学者等でも、「あの世や魂《たましい》の存在を否定することが、進歩的であり、科学的であり、現代的である」と考え、信じていないふりをする人が多くなってきています。

要するに、そういう学者に意見を訊いたところで、正しい結論が出てこない現状になっているのです。

また、「大学の宗教学科や仏教学科に入り、教授から無神論や唯物論《ゆいぶつろん》を教わって、それで、なぜか僧侶《そうりょ》の資格を得て、唯物論者・無神論者でありながら、寺の住職をしている」という人が、日本には数多くいます。

しかし、寺の境内《けいだい》には、墓がたくさんあり、故人の命日には供養をしているはずです。あの世も魂も信じていない人が供養したところで、迷える霊《れい》は救われるでしょうか。そんなことはありえないことでしょう。

このように、根本にある学問において、間違いがあります。ゆえに、学問から派生しているオピニオンにも、さまざまなバイアス（偏向《へんこう》）がかかっているのです。

今、私たちは、この国に精神的主柱を立てようとして、政治活動を始めたわけですが、これは、ある意味で、戦後の政治や経済、文化の流れの「総決算」であり、「改革」であり、そして、「未来のための脱皮《だっぴ》」でもあるということです。

政権交代などが目的ではありません。この国自体が脱皮することが大事です。政権交代ではなく、この国が構造的に脱皮し、新しい国へと変わっていくことが大事なのです。それが、今、求められているのです。

日本人は精神的自立を果たすときに来ている

日本人は、戦後、敗戦を契機《けいき》として、気概《きがい》を失うとともに、真実を見つめる目が弱まり、そして、自分の意見をはっきりと言わないことをもって美徳とし、「強い外国の言うがままに追随《ついずい》する」という姿勢を取り続けてきました。

しかし、現時点において、日本の国が置かれている立場は変わってきており、そういう状態のままであっては、国際的不信のなかを漂《ただよ》うしかありません。現実に、諸外国からは、「なぜ日本は意見を言わないのか」「なぜ主体的な判断ができないのか」「なぜ具体的な提案をしないのか」「なぜ他の国を助けようとしないのか」などという疑問が数多く出されているわけです。

人生には、勝負の機会が何度かあり、勝ったり負けたりすることがあるでしょう。それと同じように、戦争で敗れたのは悲しいことですが、それをいつまでも引きずってはいけません。再び立ち上がって、「気力の充実《じゅうじつ》した、立派な国をつくり直そう」という気概を持たねばならないと私は思います。

日本を占領《せんりょう》したマッカーサー以下の占領軍は、神ではありません。軍事力は強かったでしょうが、彼らは神ではないのです。

占領軍は、日本の制度をつくり変えましたが、それは、自分たちに都合のよいように変えただけのことです。それから、すでに半世紀以上、六十数年が過ぎました。それほど長く、同じ状態が続くとは、彼らも考えていなかったことでしょう。マッカーサーたちが予想さえしなかったことを、日本は続けてきたわけです。

今、日本人自身の手によって、自分たちの未来を設計し、この国のあるべき姿や進むべき方途《ほうと》を決めなければならない時代が来ています。精神的な独立を果たさなければならないときが来ているのです。私はそう考えます。

日本の国は、今、そうした立場にあると思うし、諸外国に対して、ものを言える立派な日本人が数多く出てこなければならないと思います。

言うべきことは言う。すなわち、正しいものは受け入れるけれども、間違っているものについては、たとえ、それが外国のことであっても、「間違っている」と言う。また、自分たちの国で行っていることで、間違っているものについては改めるけれども、「正しい」と思うことについては、「正しい」とはっきり言う。

そうした勇気が必要です。

それをごまかして生きていくことは、人間として卑怯《ひきょう》なことです。

したがって、選挙に勝つための人気取りに拘泥《こうでい》することなく、この国のあるべき姿や、「こういう未来をつくらなければならない」という未来ビジョンを、はっきりと指し示すことこそ、幸福実現党の使命であると私は思います。

4　宗教を善なるものと認める国家へ

本章では、「千年王国の理想について」というテーマを掲《かか》げていますが、このテーマで想い起こすのは、やはり京都でしょう。

京都には神社・仏閣《ぶっかく》が数多くあり、外国人も含《ふく》めて、数多くの観光客を集めています。そして、神社・仏閣を巡《めぐ》る際に、日本人の原点とも言うべき信仰心に、かすかながらも触《ふ》れることができます。京都は、「毎年毎年、うっすらとした信仰心を人々に植え続けている」という機能を果たしていると思うのです。

すなわち、本章で、私が述べたいことの一つは、次のようなことです。

私たちは幸福実現党を立党したわけですが、それは、「一九八〇年代にできた

『幸福の科学』という新しい宗教が、すべての宗教を滅《ほろ》ぼし、この国全体を支配しようとしているわけではない」ということです。これを明言しておきます。

私自身も、さまざまな神社・仏閣等を参詣《さんけい》していますし、敬意も払《はら》っています。

基本的に、「宗教は善なるものである。善《よ》きものである」と考えています。

つまり、「宗教の表れ方はさまざまにある。仏教的に表れたり、日本神道的に表れたり、キリスト教的に表れたり、あるいは、新しい宗教として表れたりしているが、宗教は、基本的に、善なるものである。『人々をよくし、人々を救おう』と願っているかぎりにおいて、宗教は基本的に善である」という立場を取っているのです。

そして、「宗教の違《ちが》いはあるけれども、他の宗教が善なる仕事をなそうとしているかぎり、決して排他的《はいたてき》であってはならない。他の宗教に対して寛容《かんよう》でなければならない」と考えています。

教義において、すべてを一致《いっち》させることは、非常に難しいことです。それについては、お互《たが》い譲《ゆず》り合わなければならない点はあるでしょう。

人間に個性の違いがあるように、宗教の教えにも違いがあります。いろいろな宗教の背景には、この世を去って高級霊界《れいかい》に還《かえ》り、「○○菩薩《ぼさつ》である」「○○如来《にょらい》である」「○○の神である」と名乗っている人たちがついているわけですが、そうした背後についている神あるいは天使、高級霊の個性の違いによって、宗教の違いが表れているのです。つまり、宗教の違いは、指導している霊人の個性の違いであり、単なる善悪の問題ではないことが多いのです。

その事実をはっきりと教えているのが、幸福の科学の教えでもあります。霊界の構造や仕組み、多様性を、ここまで明らかに説き切った宗教は、いまだかつて現れたことはありません。

私は、世界宗教となった大宗教から小さな宗教に至るまで、いろいろな宗教の秘密を明らかにしています。私の主著である『太陽の法』（幸福の科学出版刊）以降の本のなかで、いろいろな宗教が存在している理由を、さまざまなかたちで説いてきました。

ただ、世界的に見ると、宗教のなかにも、ときどき、殺人集団となって社会的に多くの被害者《ひがいしゃ》を出すようなもの、あるいは、集団自殺を導くようなものも出てきます。そうした危険性の高い宗教については、一定の警戒《けいかい》をし、社会に十分な注意を与《あた》えなければいけません。大きな危険を孕《はら》んでいる宗教まで受け入れるべきではありません。

しかし、そういう宗教は別として、宗教は本質的に善なるものであり、宗派を超《こ》えて、できるだけ協力・協調すべきものであるのです。そういう考え方を持っていることを明言しておきます。

二〇〇九年六月、私は、「新・日本国憲法 試案」を発表しましたが、その第二条には、「信教の自由は、何人《なんぴと》に対してもこれを保障する。」と書いてあります。「幸福の科学のみが、唯一《ゆいいつ》、正しい宗教である」とは書いていません。「いろいろな宗教に、それぞれ、持ち味があり、よいところがある」ということは認めているのです。

つまり、憲法試案の第二条において、「あらゆる宗教を認める」という趣旨《しゅし》のことを明言しているわけです。この憲法試案は、新聞広告として全国紙に載《の》せましたので、公約のようなものです。

5 「正しさ」を追究し、実現するのみ

現時点で、日本には、政治と明確に連結している宗教が二つあります。

その一つは、「天皇制」です。これは何と言い逃《のが》れをしようとも、やはり、国家神道です。天皇は、国事行為《こくじこうい》において政治と完全に連結している状態なので、憲法学の大学教授がどのように教えているとしても、日本の国体《こくたい》は完璧《かんぺき》に祭政一致《いっち》の状態でつくられています。現在の日本国憲法は、第一条が天皇制から始まっていますが、これは祭政一致を意味しているのです。

そして、一方では、政教分離《せいきょうぶんり》を掲《かか》げることにより、「天皇の実権を剝奪《はくだつ》する」というスタイルになっているのと同時に、「国家神道が他の宗教を迫害《はくがい》しないように」という趣旨《しゅし》が明確に謳《うた》われているわけです。そのため、天皇は国民の象徴

というかたちになっていて、他の宗教を迫害できないようになっています。ただ、右翼《うよく》が天皇を〝護って〟いるので、天皇制に対して批判をした場合、右翼が押《お》しかけてくることがあります。しかし、そうした行為は、天皇制の値打ちを少し下げているかもしれません。

ちなみに、私が「新・日本国憲法 試案」を発表したところ、幸福実現党の本部に、右翼の大物が続々と〝挨拶《あいさつ》〟に来たそうです。

そして、「憲法の改正案を発表するとは勇気があるし、内容もいいことを言っている。ただ、天皇制を第十四条で触《ふ》れているが、後ろすぎる。日本国憲法と同じように第一条に持ってきてほしい。そうすれば、右翼は、みな幸福実現党を応《おう》援《えん》する」というようなことを言ってきたようです。

しかし、幸福の科学は、日本のためだけの宗教ではなく、地球全体のことを考え、世界の人々の幸福のために活動している宗教であるので、私には、そのような取り引きをする気はまったくありません。私は、世界の人々が幸福になるような宗教をつくろうとしているのです。

幸福実現党は、右翼から仲間と思われているのかどうかは知りませんが、違《ちが》いはあります。政策において、重なっている部分もあるかもしれませんが、違いもあるのです。

幸福実現党が憲法九条改正を訴《うった》えているので、右翼は喜んでいるようですが、同時に、半分はどうも悔《くや》しいらしいのです。自分たちの手で憲法を改正したいけれども、できないでいるので、幸福実現党の活動を見て、「すごい」「素晴らしい」と言いつつも、「悔しい」という気持ちが半分ぐらいあるようです。

要するに、幸福実現党および幸福の科学は、別に右翼ではありません。また、左翼でもありません。

私たちが取り組んでいることは、「正しいこととは何か」ということを追究し、それを実現しようとしているだけなのです。

私は、教義において、「正しい」と思うことを述べ、政治的な姿勢においても、「今、必要とされる正しさとは何か。人類の未来をよい方向に導くための考え方とは何か」ということを探究し、訴えているのみであり、特定の宗派や団体の考え方に共鳴しているわけではありません。

政治において、自民党や民主党、その他いろいろな政党がありますが、特定の政党にこだわってはいません。「当会が考えている『正しさとは何か』という考えに共鳴する部分が多いかどうか」というところを見ているだけであり、徒党を組むことを目的として、政治活動をしているわけではないのです。

このことを明言しておきたいと思います。

6 「幸福維新《いしん》」によって、真なる宗教立国を

今回、私は、幸福実現党を立党しましたが、みなさんにお願いし、強く言っておきたいことがあります。

この国は非常に豊かになり、世界の貧しい地域や発展途上《とじょう》の地域から見れば、現在、憧《あこが》れの国、夢の国であることは事実です。

ただ、この夢の国が「理想の国」であるためには、どうしても足りないものが一つだけあります。理想の国になるためには、やはり、「人々が、正しい信仰心を持っている」ということが大事なのです。この部分が足りません。

日本では、「政治や教育から宗教を排除《はいじょ》することが正義である」という思想が、数十年間、続いてきたために、「宗教は、日陰《ひかげ》のもの、裏側のものでなければな

らない。表に出してはならないものだ」というような「常識」が非常に長らく続いてきました。

そのため、この夢の国が理想の国になるためには、もう一つ足りないものがあるわけです。

幸福実現党の活動は、そのための戦いなのです。

私は、「真なる宗教立国」というものを考えたいと思います。

人間として、「信仰心を持っていない」ということは、限りなく悲しいことです。それは悲しいことなのです。「悲しい」とは、単に、「自分たちの仲間であるか、そうでないか」ということで言っているのではありません。

「真理を知らずに人生を生きる」ということは悲しいことであるのです。

ところが、真理を否定することをもって正義であるとするような論調が、この国を覆《おお》っています。「そうした状況《じょうきょう》が数十年続いている」ということは、「断固として精神革命を起こさねばならない」ということなのです。

私は、「幸福維新《いしん》」という言葉を掲《かか》げています。

幸福実現党の活動は明治維新と同じです。

もちろん、体制を打ち壊《こわ》して、

破壊《はかい》、殺戮《さつりく》をしようなどとは考えていません。

私は、そうした暴力的な革命は否定しています。

そういう革命ではなく、

今、精神革命を起こそうとしているのです。

精神的なる革命、真実への革命です。

真理のための戦いなのです。

あなたがたは、幸福維新の志士として、

どうか、潔《いさぎよ》く、真理のために、身命《しんみょう》を賭《と》して戦ってください。
決して節《せつ》を曲げず、
「正しいことは正しい」と言い続けてください。
迎合《げいごう》しないでください。
単なるポピュリズムに陥《おちい》らないでください。
「真理のための戦いである」という原点を、
決して忘れてはならないのです。

第三部　今こそ、真なる精神革命のとき

第7章

法輪《ほうりん》転じる時は今

2009年6月17日（東京都・幸福の科学 東京北支部精舎にて）

1　立宗《りっしゅう》から日本最大の宗教へ

最初の霊示《れいじ》が「日興《にっこう》」だったことの意味

思い起こせば、三十年近い昔のことになりますが、一九八一年の三月に、私に最初の霊示《れいじ》を降ろし、「イイシラセ」という通信を送ってきたのは、日興上人《にっこうしょうにん》という人でした。詳細《しょうさい》は、『太陽の法』その他に書いてあるとおりです。

この事実は非常に意味深長《しんちょう》なものだったと思います。私は、日興という人について、最初の霊示を受けたときには知らなかったのですが、この人は、いわゆる「日蓮六老僧《にちれんろくろうそう》」の一人、つまり、日蓮の六人の高弟の一人であることが分かりました。

日興は大石寺《たいせきじ》の派祖《はそ》にあたります。日蓮六老僧は、それぞれ派閥《はばつ》をつくりましたが、日興が大石寺の始まりです。

そして、大石寺の日蓮正宗《しょうしゅう》を信仰していたのが、在家団体の「講《こう》」である創価《そうか》学会《がっかい》です。私が日興から霊示を受けたころは、ちょうど、創価学会が本山と対立をしていたころです。その後、創価学会は本山から破門されたわけですが、「本山のほうが悪い」と開き直り、何年もけんかを続け、ついに在家団体のままで宗教をつくりあげた状態になっています。

創価学会は、その始まりにおいては、本山に奉納《ほうのう》すると称《しょう》してお金を集め、その一部をピンはねして自分たちで分配していたような団体です。基本的な考え方はそうです。「本山である大石寺にご奉納する」と称して集めたお金のうち、途《と》中《ちゅう》の自分たちのところでの歩留《ぶど》まりが相当あり、それによって大きくなっていった団体なのです。その意味で、この団体には、最初から不純なものがあったと私は思います。

私が霊的に覚醒《かくせい》したときに、日興という人が、「イイシラセ」、つまり福音《ふくいん》というメッセージを最初に降ろしてきましたが、その後、日興から通信は来なくなって、日蓮に切り替《か》わりました。それからしばらくの間《あいだ》は、日蓮が出てきて、霊的なものに慣れていない私に対して、一年ぐらいこまごまと指導してくれたのです。日興や日蓮が最初に出てきたのは、私の実父・善川三朗《よしかわさぶろう》の過去世《かこぜ》が、日蓮六老僧の一人である日朗《にちろう》という人であったので、その関係もあったのだろうと思います。そのため、最初のころは、日興や日蓮、そして同じく六老僧の一人である日持《にちじ》という、この三人がよく出てきていました。

最初に出てきた霊人たちを見て、当時の私は、「ははあ。戦後に巨大化《きょだいか》した日蓮宗系の創価学会という団体は、日蓮から見て、どうやら間違《まちが》っているらしい。これは、『創価学会に打ち勝ち、この邪教《じゃきょう》を排除《はいじょ》してほしい』という趣旨《しゅし》なのだな」ということを感知していました。一九八一年の最初の段階から、結論として、三十年後の現在の姿がはっきりと見えていたのです。

ただ、いかんせん、当時は、私一人が霊界通信を受けているだけであり、「弟子一人持たず候《そうろう》」という状態でしたし、先方の団体は公称八百万世帯を誇《ほこ》っていて、政治にも進出していたので、いったい、どの程度、力に差があるのか分からないような状態でした。

立宗《りっしゅう》から数年で六百万人規模の教団を追い抜《ぬ》いた

その後、約五年間は、研究をしたり本をつくったりする状態が続き、一九八六年にやっと立宗《りっしゅう》したわけです。

最初の一年で、千人規模の団体になりましたが、一九八七年のころは、浅草に本部があるＧＬＡという小さな団体から、「おまえのところは千人ぐらいだが、うちのほうは一万人ぐらいいる。十倍もある団体に対して失礼だろう」などと言われて脅《おど》されているような状況《じょうきょう》だったのです。

しかし、たちまちのうちにＧＬＡの規模を抜《ぬ》き去ってしまい、その後、一年で立場が引っ繰《く》り返りました。

そして、一九八九年から一九九〇年のころには、全国各地で大講演会を行うようになりました。

そのころ、幸福の科学の職員のなかに、かつて生長の家で本部職員をしていた人がいたのですが、一九九〇年に神戸のポートアイランドで大講演会を行ったとき、その人が、会場に集まった聴衆《ちょうしゅう》の数を見て、「これはもう、生長の家の規模と同じです」と言っていました。当時、生長の家は公称三百三十万人でしたが、その規模とすでに同じであると、生長の家の元本部職員が言ったわけです。

さらに、一九九一年に東京ドームで御生誕祭《ごせいたんさい》を行ったとき、創価学会から当会に職員として来た人が、その規模を見て、「これは立正佼成会《りっしょうこうせいかい》と同じぐらいです。もう立正佼成会の規模に達しています」と言っていました。

当時、立正佼成会は公称六百数十万人でした。そのほかの宗教団体として、それ以上の信者数を有しているのは創価学会だけであり、公称八百数十万世帯、千七百数十万人と言われています。

このように、すでに、一九九〇年に生長の家の規模を超《こ》え、一九九一年に立正佼成会の規模を超えていて、それからもう二十年近くたっているので、幸福の科学の組織としての成熟度は、かなり進んできています。他の宗教と比べて、現在、その差はさらに開いていると思います。

残されている課題は、組織としての強さだけです。「組織として、どれだけ強いか」ということ、要するに、「信仰心の下《もと》に、どれだけ強い組織力を持った宗教が出来上がるか」ということです。そのための組織訓練を行っていかなければならないのです。
その意味で、組織をもう一段強くし、伝道力をつける必要があります。

2　政治への進出は世界宗教への関門の一つ

「いつでも政権の受け皿になる」という幸福実現党の志

さらに、日本最大の宗教から世界宗教へと道を固めていくためには、選挙に打って出るということも、一つの試練として、どうしても一度は通過しなければいけないものだろうと思います。

選挙に関しては、まだ知らないこと、分からないこと、初めてのことが数多くあるので、思ったような戦いができないことは多々あるでしょう。ただ、失敗したことのなかにも次への教訓が多く残るでしょうし、少なくとも、志において、すでに勝っていることは明らかです。

二〇〇九年の衆院選において、創価学会を支持母体とする公明党は小選挙区に八人しか候補者を立てませんでしたが、幸福実現党は三百八十八人の候補者を立てたのです。この志の違《ちが》いが分かるでしょうか。あちらは、第一党になる気がなく、それはもう、あきらめたということです。

公明党は比例区と合わせて三十人ぐらいしか通らないことはほぼ決まっているので、議席を減らさないことだけを考えています。小選挙区は、議席を取れる可能性のある八カ所ぐらいに絞《しぼ》り、あとは比例区で票を集めようとしているのです。つまり、小選挙区では自民党を応援《おうえん》し、比例区では自民党の票を公明党に入れてもらおうという作戦です。

ゆえに、創価学会の実数がどれほど少ないかがよく分かると思います。「比例区は自民の票をもらって当選させる」という作戦では、少なくとも、天下取りはできません。これは、もう天下取りは、あきらめたことを明確に示しています。

そのため、国会で過半数を割りそうな政党とくっついて、小さな勢力で引っ掻《か》き回そうという作戦をとっています。「過半数に十人足りない」とか、「あと二、三十人足りない」とかいうところにうまく入り込《こ》み、キーパーソンとなって政局を揺《ゆ》り動かしたり、あるいは自分の党に利益誘導《ゆうどう》をしたりするというような、その程度の志しか持っていないことは明らかです。

幸福実現党が、最初から三百三十七人もの候補者を立てたというのは、ある意味では、日露《にちろ》戦争における乃木《のぎ》将軍の二〇三高地攻撃《こうげき》のような、すさまじい戦い方ではありました。全部で千四百人近く立候補するなかの三百三十七人も立てていたので、すさまじい肉弾戦《にくだんせん》、あるいは、銃剣《じゅうけん》を持って次々と屍《しかばね》を乗り越《こ》えていかなければいけないような状態になったわけです。

ただ、少なくとも、志においては、「自民党も民主党も、もう要《い》らない」という意思表示を明らかにしているわけです。

もし、幸福実現党が、昨夏の衆院選において安全策をとり、三十人しか候補者を立てないとか、二十人とか、十人とか、あるいは幹部数名だけを立てるとかいうようなことであったならば、「単に、政界に進出できさえすればよい」という意思表示にしかならなかったでしょう。

しかし、三百三十七人を立てたということは、「いつでも、自民党や民主党に代わって政権を担当する受け皿になる」という意思表示なのです。あとは、まさしく、天の時、地の利、人の和の「天地人」が揃《そろ》うかどうかにかかっていると思います。

少なくとも、「日本に万一《まんいつ》のことがあったとき、要するに、政府の統治能力が失われるような事態が起きたときでも、きちんとそれを救うだけの態勢は整えた」ということです。

したがって、当事者能力のない首相などが他党から出たとしても、いつでも交代可能なのです。

政治は、選挙だけで終わるわけではありません。もし、選挙で第一党になったところが政権を取ったとしても、「統治能力のなさを露呈《ろてい》して、政権を投げ出す」ということは過去に何度もあったので、いつでも政権を担《にな》えるだけの備えをしておく必要があるのです。

幸福実現党は、最初から第一党になるつもりで立党しており、「それだけの意気込《ご》みと勢いを持ち、熱意、情熱を持っている」ということにおいて、すでに戦いの半分は終わっていると言えます。何事も、目指さないものは実現しません。

確実なところだけに絞《しぼ》り、「合格率は百パーセントです」と言うのは、弱小塾《じゅく》がよくやる手法です。弱小塾は、合格者数では大手の塾に勝てないので、合格率の高さで勝負しようとします。「合格率が百パーセント」などという塾は、だいたい塾生の人数が十数名ぐらいしかいないようなところです。

大手の塾では、生徒の数が多い分、落ちる人も数多くいて合格率が百パーセントにはいかないため、「合格者数が○○人」という言い方をします。そのように、考え方の違いはあるだろうと思います。

やはり、最初から難しい戦いに挑《いど》んでいき、チャンピオンを目指さなければ駄《だ》目《め》です。相撲《すもう》で言えば、「とにかく、幕の内に入ればよい」では駄目なのです。入門したばかりであっても、最初から「横綱《よこづな》になる」というような志で戦いを挑まなければいけません。当会は、「とにかく、幕の内に入ればよい」「十両になればよい」「せいぜい関脇《せきわけ》までいければよい」など、そんな志しか持たないような団体ではないのです。

世間の「常識」を打ち破る最後の戦いが始まった

二〇〇九年の衆院選は、確かに準備期間が短いということもありましたが、国難を感じて決起したわけなので、「その心意気やよし」ということです。結果を問うよりも、「国難に対して、組織として一気に立ち上がれる力」を誇《ほこ》りたいと思います。

たとえ、世間から嘲笑《ちょうしょう》されるような結果になっても、選挙は何度もあるものなので、一回ごとに賢《かしこ》くなっていけばよいのです。最初からこれだけの戦いを挑める政党であるので、ノウハウを学んで組織戦を戦える態勢を次までに整えれば、目標の実現は近いでしょう。

実際に昨夏の選挙を戦ってみて、「もっと信者が欲しい。もっと支部や拠点《きょてん》も欲しい」ということを、痛切に感じました。幸福の科学の信者たちも、伝道の必要性を、おそらく感じたと思いますし、「もっと強い信仰心が必要である。日頃《ひごろ》から、恥《は》じらいやためらい、優柔不断《ゆうじゅうふだん》など、弱い心と対決しなければいけない」ということを実際に感じただろうと思うのです。

その意味では、選挙は、この世的な活動にも見えますが、それは、「幸福の科学の信者たちが脱皮《だっぴ》していくための大いなる修行の場でもある」と考えなければいけません。

私は、天上界からの啓示《けいじ》を受ける体質を持っていますが、私の場合、「天からの声」が下ったら、やらざるをえないのです。

今までも、そうしてきましたが、過去二十数年を見ると、大筋において、間違いはなかったと思います。細かいところについて人間的な試行錯誤《さくご》はありましたが、大きな流れとしては、基本的に間違いはなかったのです。

その結果、幸福の科学は、戦後の教団としては破竹の快進撃《かいしんげき》を遂《と》げました。

現在、私たちが取り組み始めた政治活動についても、今、人々が感じている以上の意味が、実はあるのです。それは、もう少し時間がたてば分かることです。要するに、選挙などの政治活動は、幸福の科学が、「日本一の宗教から世界宗教へ」と発展していくために、どうしても通らなければいけない関門である可能性が高いのです。それは、非常に難しい関門かもしれません。世間の「常識」といわれるものの、最後の扉《とびら》を打ち破ろうとする戦いであるかもしれないのです。

意外に保守的で現状維持《いじ》を図《はか》ろうとする日本のマスコミ

「宗教を表側の世界には出さない」というのが、今の日本の常識です。

そのため、幸福実現党が記者会見等を開いても、できるだけマイナーな扱《あつか》いにし、大きくは取り上げないように〝努力〟しています。「誰《だれ》が立候補者として出たか」というような事実だけは、しかたがないので小さく書いてありますが、重要な主張等については基本的に載《の》せないような扱いをしています。その傾向《けいこう》は、テレビ局の取材を受けても、新聞社の取材を受けても同じです。

マスコミの体質はどこもほとんど同じであり、意外に保守的で、現状維持《いじ》を図《はか》ろうとします。彼らは、現状が大きく変わることが、とても怖《こわ》いのです。

マスコミは、現状の枠組《わくぐ》みはそのままで、少し手直しをするぐらいで済むような、そういう在野《ざいや》精神的な批判ならついていけるのですが、枠組みが根本から引っ繰《く》り返るような革命や維新《いしん》といったものには、とてもついていけません。やはり、「現状維持のなかで、少しずつ変わっていく」というぐらいの感じがよいと思っているのです。

彼らにとっては、一メートル先か二メートル先が見えるぐらいの予想でちょうどよく、半歩先か一歩先ぐらいが見えるだけでも、十分な改革を行っているつもりでいるわけです。

そのため、幸福の科学のように、百歩先や千歩先のことを言うと、頭がクラクラしてしまい、「この世離《ばな》れしている」ということで、判定不能になるのです。

3　日本を国難から救うための戦い

「常識」の扉《とびら》を破り、大いなる維新《いしん》を起こす

ただ、私は、これまでも繰《く》り返し述べているように、「先が見える者」として責任を感じています。国家のリーダーに必要なものは、何と言っても「先見性」です。「先がどうなるか見える」ということが大事であり、先見性がなければ駄目《だめ》なのです。

そして、「未来に対する構想力を持ち、どのような体制を構築していくか。い

かなる備えをつくっていくか」ということが大事です。

今、何よりも必要なことは、日本の国民に希望を与えることです。ところが、自民党も民主党も希望を与えていませんし、もちろん、公明党も希望を与えてはいません。

そのため、幸福の科学は、「宗教として大《だい》を成し、宗教政党をつくる」ということも目標の一つとしていますが、もっともっと大きなことを考えています。

おそらく、近い将来、〝用意された国難〟が来るだろうと思います。そうでなければ、エル・カンターレの下生《げしょう》などありえないことです。今後、おそらく、厳しい局面が出てくると思いますが、それも舞台《ぶたい》装置の一つであるのです。私たちは、時代的に、そういう舞台設定のなかで戦わなければならないことになっているのだろうと思います。

幸福の科学は、これまで、かなり順調に活動してきましたが、今、「常識」の扉《とびら》を破る最後の段階が近づいてきています。これは、ある意味での「維新《いしん》」であり、「革命」であり、あるいは、「二千年か三千年に一回しか起きないような大きなこと」をやろうとしているのです。

マスコミ等が考えるような革新というのは、ほんの数年先が見えるぐらいの範《はん》囲内《いない》でしょうが、幸福の科学はもっと大きなことを考えています。

もし、私たちが力足らずであるならば、かつて、大本教《おおもときょう》以下のいろいろな宗教が、世直しをしようとして逆に大迫害《だいはくがい》を受けたのと同じような結果になるかもしれません。「大迫害を受ける側になるか。それとも、『常識』の壁《かべ》を打ち破り、体制を完全に変えてしまうか」という戦いが、今、始まっているのです。

したがって、宗教が政党を立党して政界に進出し、「実際に国の政治を運営し、国難から救おう」という志を示したことが、単なる空想や絵空事に見えるような、情けない戦い方になってはならないと思います。

やはり、内容が充実《じゅうじつ》していて、「実際にそれだけのことをやってのけられそうな政党だな」と見えるところまでは、戦いを進めなければいけません。

政党の立ち上げには指導霊団《しどうれいだん》全員が賛成した

他の政治家たちも、ただの人間です。単に、過去、何回か当選したことがあるにすぎないのです。

一方、幸福実現党には、〝偉大《いだい》な家庭教師〟が付いていることを知らなければいけません。この世だけではなく、天上界《てんじょうかい》の指導霊団《しどうれいだん》が付いていて、あらゆるかたちでバックアップしてくれているのです。

指導の仕方や意見に多少の違《ちが》いはあっても、「政治に進出し、政党を立ち上げて戦う」ということに対して異論を唱えた人は、指導霊団のなかに誰《だれ》一人いませんでした。全員が賛成したのです。

つまり、これは進まなければいけない方向なのです。この世において成し遂《と》げられないのは、地上の人間の不覚であり、成し遂げられるまで戦い続けることが大事です。

過去二十数年間の私の経験から言って、天上界の指導霊団の意見が一致《いっち》しているときというのは、絶対にそうしなければいけないときであり、この世的に考えて、いくら判断に迷ったとしても、そうしなければいけないのです。

例えば、私が会社を辞《や》めて幸福の科学を立宗《りっしゅう》したときもそうでした。全員一致で、「会社を辞めて独立しなさい」と言ってきました。

私は、「会社を辞めたら収入がゼロになります。それで生活がもつのでしょうか」と言ったのですが、あの世の霊人は、そうしたことにはまったく関心がなく、ただただ、「会社を辞めて、今、立ちなさい」と言うのです。

それは、一九八六年の七月、ちょうど私の誕生日のころのことでした。よりによって、私の誕生日の〝お祝い〟は、「無職になる」ということだったのです。「三十歳《さい》、おめでとう。では、無職にしてあげます」ということでした。

これを、そのとおりに受けるかどうかです。ある程度、資金源を確保できて戦えるという状態、つまり、教団を立ち上げるための元手のようなものが何かあって、「これをもとにしてやりなさい」と言うのならよいのですが、そういうめどは何も立っていませんでしたし、協力者が十分に出てきているわけでもありませんでした。

しかも、私の父親は定年が迫《せま》っていたので、「もしかすると、親子で飢《う》え死にするかもしれない」という厳しい状況《じょうきょう》でもありました。

しかし、最後は、「指導霊全員が『会社を辞めよ』と言うのだから、しかたがない」と思い、肚《はら》をくって会社を辞めたわけです。

ただ、会社を辞めるかどうかで私が迷ったことについて、現在の当会の信者たちから見れば、きっと、「先生は情けないな。スパッと辞めるのは当然ではないか」と思うことでしょう。

そのように、指導霊団の全員が「こうせよ」と言うときには、この世的な自分の判断では「どうかな」と思うようなことでも、そのとおりにすべきなのです。この世で人間として生きていると、積み重なった常識や、人の意見など、いろいろなものの影響《えいきょう》を受けますが、天上界の高い所から見ている者には、やはり何年か先、あるいは何十年か先が見えていることが多いのです。

昨年、天上界が、あれだけ急いで、「政党を立ち上げよ」と言ってきた以上、国難が迫っているのは間違いありません。

国民の多くは、「今まで、これでずっとやってこれた」という惰性的《だせいてき》な気持ちや、「日本は海に囲まれた島国であり、外国から攻《せ》められたことはめったにないし、アメリカが付いているから大丈夫だろう」という程度の考えしか持っていないのでしょう。

しかし、その考えが破れる時期が近づいており、もうすぐ、非常にショッキングなことが起きる可能性が高いのです。

天上界の高級霊たちが口を揃《そろ》えてこれだけ言っていることは、たいてい、そのとおりになるはずです。

したがって、私たちは、世間の人が何と言おうと、国難に備えるための態勢を整えていかなくてはなりません。指導霊団が、「自分たちで国を護《まも》り、この国を、さらなる繁栄《はんえい》へと導いていけ」と言っている以上、その方向に国を引っ張っていく努力をすべきだと思います。

政治活動は「法輪《ほうりん》」を転じる姿でもある

新しい政党を生み出すに当たり、産みの苦しみはあるでしょうが、その試練によく耐《た》え、負けたり挫《くじ》けたりしないでいただきたいのです。

例えば、迫害や悪口や批判などを受けたり、あるいは、選挙活動の経験が少ないので、場合によっては選挙違反《いはん》に当たるようなことをしてしまう人も出るかもしれません。「それを恐《おそ》れている」という声も聞きましたが、気にするのはやめましょう。恐れても、しかたがありません。

法難《ほうなん》というものは、歴史上、宗教家はみな受けています。「法難が起きない」ということはありえないのです。

私たちは、「日本を国難から救い、繁栄に導こう」という高い志を持っているのです。小さなものにとらわれずに、どうか、ドンと大きく構えていてください。

万一《まんいつ》、さまざまな苦しみを受けるようなことがあっても、それは勲章《くんしょう》であると思ってください。対抗《たいこう》勢力の団体などから、嫌《いや》がらせその他の攻撃《こうげき》を受けることもあるかもしれませんが、そのようなものに負けずに、戦っていきたいと思います。正しい者は強くなくてはいけないのです。

大きな正義というものを忘れずに突《つ》き進んでいただきたいものです。

私は、政治活動をするなかで受けた攻撃については、「法難《ほうなん》」という言葉で統一したいと考えています。それを一言、述べておきます。

選挙戦は、なかなか大変ではありますが、ぜひともやってのけたいと思います。

この戦いは、あくまでも、支持者の活動だけの問題ではなく、候補者個人の能力や資質の問題でもあると思います。「世間にも、見る目のある人は確実にいる」ということを信じて、政策を訴《うった》え、味方を増やしていくことが大事です。

私は、選挙などの政治活動は、法戦であり、広宣流布であり、また、「法輪《ほうりん》」を転じることであると考えています。

仏教では、「仏陀《ぶっだ》が法輪を転じる」という言い方をしますが、法輪とは、仏陀の法を、古代の戦車の車輪にたとえたものです。この法輪は、幸福の科学・東京正心館《しょうしんかん》の御本尊《ごほんぞん》にもなっています。

戦車の車輪が回転し、木や石など、いろいろなものを砕《くだ》きながら進んでいく。それが、法輪を転じていく姿なのです。「あらゆる障害物を打ち破り、魔軍《まぐん》を打ち破っていく」という戦いの姿が、「法輪を転じる」ということであるのです。

この世的には厳しい戦いになるでしょうが、心を引き締《し》め、いっそう強い信仰心と団結心、また行動力と速度を持って戦い、組織としてさらに発展していきたいと思います。

第8章

不《ふ》屈《くつ》の精神を磨《みが》く

2009年10月31日（山口県・幸福の科学 下関支部精舎にて）

1　激誠《げきせい》の人、吉田松陰《よしだしょういん》

国禁を犯し、「やむにやまれぬ大和魂《やまとだましい》」と詠《よ》んだ松陰

本章では、「不屈《ふくつ》の精神を磨《みが》く」という題を選んでみました。

山口県、かつての長州《ちょうしゅう》には、幕末から明治にかけて、立派な人物が数多く出ているのですが、長州を代表する人物の一人として尊敬されている人に、吉田松陰《よしだしょういん》がいます。

満二十九歳《さい》と二カ月で亡くなった人で、三十歳にならずして、この世を去っていますが、後世に名は遺《のこ》って、多くの人々から、いまだに尊敬されています。

「二十九歳余りで亡くなって名を遺す」というのは、現代的には難しいことで

す。なかなか遺るものではありません。

松陰が三十歳足らずの人生で回天《かいてん》の偉業《いぎょう》の原動力になったことに思いを馳《は》せると、私は、いたずらに馬齢《ばれい》を重ねてしまったような感じがして、「いまだ事成就《ことじょうじゅ》せず」という気持ちを非常に強く持っています。

幸福の科学の研修施設《しせつ》である東京正心館《しょうしんかん》が建っている所は東京都港区高輪《たかなわ》ですが、そこは、討ち入りをした赤穂《あこう》四十七士の墓がある泉岳寺《せんがくじ》のすぐ近くです。

松陰は、下田でペリーの黒船に乗り込《こ》み、アメリカへ渡航《とこう》を申し入れて断られ、そのあと、幕府の役人に捕縛《ほばく》されましたが、実は、伝馬町《でんまちょう》の牢屋敷《ろうやしき》に護送《ごそう》される途中《とちゅう》で、この泉岳寺の前を通ったのです。

そのとき、彼は、「かくすればかくなるものと知りながら　やむにやまれぬ大和《やまと》魂《だましい》」という歌を詠《よ》んでいます。「このようにしたら、このような結果になることは、分かってはいたのだけれども、やむにやまれぬ大和魂で、やってしまった」

という意味です。

「彼は、アメリカ渡航を目指していた」と言われています。「幕府の規定からすれば、日本人が無許可で海外渡航を行えば、必ず、『国禁を犯した』ということで捕《つか》まり、処罰《しょばつ》されることは分かっていたけれども、その気持ちがやまず、とうとう、夜間、舟《ふね》を漕《こ》ぎ寄せて黒船に上がっていった」というわけです。

ただ、「それは表向きで、実は、ペリーを刺《さ》すつもりだった」という説もあります。「ペリーを暗殺するつもりで行《い》ったらしい」という説もあるのですが、正確なところは分かりません。

松陰の生き様に多くの人が感化を受けた

吉田松陰は、十歳ぐらいで藩主《はんしゅ》に講義をしたほどの神童《しんどう》であり、幼いころから英才でした。そして、長州藩の兵学師範《しはん》でもありました。そういう人が、国禁を犯し、海外渡航に失敗して捕まり、処罰されるということは、不手際を犯したようにも見えます。

しかし、彼の名前が上がった理由は、結局、「教え子たちが、その後、明治維《い》新《しん》の大立者《おおだてもの》、大物になった。短期間で弟子たちを感化し、総理大臣級の人をたくさん育てた」ということだと思うのです。

彼の人生を見ると、「長く生きればよいというものではない。短くてもよいから、激誠《げきせい》の人として、『誠』というものがほとばしり出るような人生を生きたならば、必ずや後世に遺るものがあるのだ」ということを感じます。

ある意味で、非常に宗教家的な面も持った人であると思います。この世で何かを成し遂《と》げたわけではないけれども、その生き様に多くの人々が感化を受けたのです。

「後世、それほど尊敬される人でありながら、同時に、罪人として処刑《しょけい》もされている」という、時代の理不尽《りふじん》さはあります。

普通《ふつう》の人々は、「法律に合った判断が正しい」と考えるわけですが、現代から見ると、昔の時代の法律には、おかしいと思えるものは、いくらでもあります。

歴史的に見ると、偉い人は、よく殺されたりしています。ソクラテスもしかりですし、イエスもそうです。

松陰にも、ちょっとした預言者のような風格があります。不遇《ふぐう》の死に方をする預言者という感じでしょうか。

この世的には、ある意味で、生きるのが下手な人ではあるでしょう。無骨《ぶこつ》ではあるけれども、自分の思いに非常に正直に、真《ま》っ直《ちょく》に生きた人であると思います。

損得を抜《ぬ》きにした行動が、時代を拓《ひら》くきっかけになる

「かくすればかくなるものと知りながら　やむにやまれぬ大和魂」という感じ

は、私も昨年（二〇〇九年）の夏に少し味わいました。こうすればこうなるものだとは知りつつも、やむにやまれぬ大和魂で、選挙戦を戦ったのです。

結果は事前に分かっていたので、途中で二回ほど、「どうしようか」と思ったこともあったのですが、「やむにやまれぬ大和魂」で、やはり、「結果よりも、思いを伝えることのほうが大事である」と考え、最後まで戦い抜きました。昨年の夏には、私にも吉田松陰的な激しさがあったように思います。

結果がどうであれ、あるいは、あらかじめ結果が分かっていても、意見を言わなくてはいけないときもあります。そういうときには、「その時代に受け入れられることばかりを望んではいけない」と思うのです。

言っておかねばならないことや、後世への遺産として遺さなければならないものがあるときには、損得を抜《ぬ》きにして、あるいは、自分自身の利害を考えずに、行動しなくてはなりません。それは、松陰で言えば、死をも賭《と》しての行動であったと思うのです。

そういうことが、時代を拓《ひら》くきっかけになることもあるわけです。

今から見れば、「外国船に乗り移り、海外渡航を企《くわだ》てる」という程度のことが、どうして、それほどの罪なのか、よく分からないところがあります。今、そういう国があるとしたら、鎖国《さこく》をしているような国、外国と交易していないような国ぐらいしかないでしょう。

「松陰の場合は、その生き様が、あとから来る者たちに影響《えいきょう》を与《あた》えたのだろう」と思っています。

2　日本を宗教心溢《あふ》れる国に

高級霊《こうきゅうれい》の霊言《れいげん》は、この世の人に簡単には信じてもらえない

昨年、私は、法話や著書を通じ、若者、青年に向けて、いろいろな情報をずいぶん発信しました。その若者たち、学生たちの行動には、実を結んでいるとは言いかねる面はありますし、空回りをしているところも、かなりあることはあるのですが、『勇気の法』（大川隆法著、幸福の科学出版刊）の影響《えいきょう》を受けて、かなり行動力を増し、たくましくはなったのではないかと思います。

人間は、年を取り、大人になると、しだいに、この世に精通し、知識も経験も増えて、「かくすればかくなる」ということが、だいたい見えてきます。「このよ

うにしたら、このようになるだろう」ということが、あらかじめ分かってくるのです。

しかし、若い人は、それが分からないで行います。そして、結果が分からないまま、やり抜《ぬ》こうとしていくなかに、新しい時代が拓《ひら》ける場合もあるのです。その途中《とちゅう》は屍累々《しかばねるいるい》で、討ち死にする人は数多く出てきます。この世的には、逆風を受け、迫害《はくがい》に遭《あ》い、非難、批判等を浴びることがありうるわけです。

宗教家にも、同じようなことは言えます。

現在ただいまの一般《いっぱん》的な世論から言えば、「宗教が主張していることと正反対のことを言っておけば、常識人で見識があり、合理的な人間で、まともである」と思われるのに、宗教家は、やむにやまれず、世間の常識とは違《ちが》うことを語り、そういう行動を取ることが多いのです。

当会で言えば、最初は霊言集《れいげんしゅう》の刊行から始まっています。「高級霊界《こうきゅうれいかい》の霊人《れいじん》から霊言なるものが降りてきて、それを本にして出す」ということは、普通は、そう簡単に信じてもらえるものではありません。

私の母も、霊言集を初めて出したときには、残念そうに、悔《くや》しそうに、「二十《はた》歳《ち》ぐらいまでは普通の人だったのに」と言っていました。「あちらの世界に行ってしまった。普通の出世コース、エリートコースからはずれて、遠い世界へ完全に入ってしまった」という感じで、「二十歳までは普通の子でした」と、繰《く》り返し言っていたのです。そう思われても、しかたがなかったとは思います。

もちろん、両親も、始まってすぐに手伝ってくれるようになりましたが、それでも、最初は、親兄弟といえども、「高級霊が降りてくる」ということを、そう簡単に信じられるものではありませんでした。

初期のころ、吉田松陰《よしだしょういん》の霊言も降りていて、私の父である故・善川三朗《よしかわさぶろう》が聴聞《ちょうもん》しましたが、松陰は、ものすごく激越《げきえつ》な人で、父が叱《しか》られまくっていたのを覚えています。とても激しい人でした。しかし、このように霊言が降りている事実を、この世の人に信じさせるのは、なかなか難しいのです。

昨年の政権交代は「維新《いしん》」「革命」ではなく「昔戻《むかしもど》り」

昨年、選挙戦を戦ってみると、幸福実現党に対する支持率は、一、二パーセントぐらいまでしか届いていなかったので、まだ、本格的にこの世界を引っ繰《く》り返すところまでは行《い》っていないと感じます。

ただ、「真理がどちらの側にあるか」ということを確信する人が多くなればなるほど、真なる革命運動は起きてきます。

政治では、政権交代が起き、「平成の無血革命」と言われたり、鳩山《はとやま》首相が、「無血の平成維新《いしん》」と言ったりしていますが、私は、そうは思いません。「制度的な政権交代にしかすぎない」と思っていますし、どちらかといえば、今の政権は過去に向かっていると見ています。

昔戻《むかしもど》りし、過去の日本に戻っていこうとしているのです。どちらかといえば、明治維新以降の近代化の流れとは正反対である「幕藩《ばくはん》体制」のほうに向かって戻っていっているように見えて、しかたがありません。

その意味で、「維新」や「革命」という言葉は当たっていません。

日本は、戦後、宗教を軽《かろ》んじ、軽蔑《けいべつ》し、無神論や唯物論《ゆいぶつろん》のはびこる事実上の社会主義国家として生きてきましたが、この国に、一本、精神的な主柱を通して、「宗教心を持った人が、立派になって、世の人々を導いていくような、宗教心溢《あふ》れる国」につくり変えていくことこそが、むしろ、新しい時代の精神革命であると私は思うのです。

宗教を信じる人が、おかしい人であるとか、この世離《ばな》れをした人であるとか、仲間になれない人であるとかいうような扱《あつか》いを受けるのではなく、本当のことを信じている人、真実を伝えようとしている人が、きちんと、しかるべき尊敬を受けるような世の中に変えていかねばなりません。

その意味で、幸福の科学の革命は、まだまだ成就していないと考えています。

幸福の科学は、この国に、一種の精神革命を起こす戦いをしているわけですが、今、この国自体が「左」に寄り、社会主義化の流れに戻っていこうとしているように、私には見えます。

どちらかというと、「もし、六〇年安保や七〇年安保の安保闘争《とうそう》で、社会主義運動のほうが勝利し、当時の自民党政権等が潰《つぶ》れ、革命が成就して社会主義国の仲間に入っていったとしたら、この国が、その後、どうなったか」というようなことを見るために、映画「バック・トゥ・ザ・フューチャー」のように過去に戻って、今、やり直してみようとしているように感じます。

「一九六〇年に戻ったら、どうなるか」「一九七〇年で、安保闘争が勝っていたら、どうなるか」ということを見るために、やり直そうとしているような印象を受けています。つまり、過去の五十年ぐらいの歴史を否定しにかかっているように感じられてならないのです。

しかし、私たちは、「未来がある」ということを説かねばなりません。未来の道筋としては、やはり、「霊性《れいせい》の復権、精神性の復権を梃子《てこ》にした国づくりをする」「精神的で信仰《しんこう》に満ち溢れた人々の心が、国の発展と結び付く」ということであり、そういうモデルが他の国にも輸出されて、地球上に広がっていき、発展・繁栄《はんえい》していくことを願っています。

この国が経済的に没落《ぼつらく》し、精神的にもみすぼらしくなることを肯定《こうてい》するような国家観は、決して望ましいとは思いません。

未来を拓《ひら》こうとする強い意志が現実化していく

幸福実現党は、成果をまだ十分にあげることはできていません。

これは、「母体である宗教法人幸福の科学のほうに、力がまだ十分に足りていないからでもある」と感じています。幸福の科学自体に、もう一段の力が必要です。

日本では、宗教団体の数が多すぎ、宗教の力が分散しすぎているのです。宗教においては、二大政党のようにはなっておらず、小さな教団が数多くあちこちにあります。そして、宗教の真贋《しんがん》、すなわち本物と偽物《にせもの》を見分け、本物と思うところに、誰《だれ》もがグーッと集まってきて、一つの革命運動になっていくだけの力になり切っていないのです。

ここで、幸福の科学も、もう一段、戦いを進めなければなりません。今は、まだ、世間からは、「二十世紀後半に起き、二十一世紀の前半に、少し花火を打ち上げたけれども、やがて衰退《すいたい》していくだろう」と思われているに違いないので、もう一押《ひとお》ししなければいけないのです。

「数多くある有力宗教の一つぐらいにはなった」という認識は持たれているでしょうが、「いずれ衰退していって、また別な宗教が出てくる。そういう宗教の一つである」と思われているのです。

したがって、教団のなかにいる人たちは、燦然《さんぜん》と輝《かがや》くような気概《きがい》を持つことが大事です。

「人の数は多ければよい」というのは、民主主義的な考え方ですが、必ずしも、そうとはかぎりません。維新の志士を見ても、ごく少数の優れた人たちが光芒《こうぼう》を放っているところを見ると、やはり、それぞれの人の「志の高さ」「熱意」「未来を拓《ひら》こうとする強い意志」、こういうものが現実化していくのだと思えるのです。

明治維新と同じように、どの地域が他を引っ張っても構いません。当会では、全国の四十七都道府県が、標準化したような感じで進んでいますが、日本全国のどこからでもよいので、非常に強い牽引力《けんいんりょく》を持って他を引っ張っていくところが出てくることが大事です。

3 艱難辛苦《かんなんしんく》に耐《た》えうるだけの器《うつわ》を

東アジア共同体がもたらすものとは

さて、ここで、鳩山《はとやま》首相の外交政策について考えてみたいと思います。

今の政権の「東アジア共同体」構想を見てみると、「日本は中華圏《ちゅうかけん》に組み入れられるのではないか」という印象を受けます。東アジア共同体なるものができると、歴史的必然として、日本は、アメリカと離《はな》れ、中華圏に組み入れられるだろうと思います。

今は、ＧＤＰ（国内総生産）において、二位と三位が入れ替《か》わり、中国が二位になって、日本が三位以下に落ちていくことが予想されている時期です。さらに、軍事力では、中国はすでに強大な国になってきています。

そういう状況下《じょうきょうか》で、東アジア共同体をつくれば、「アメリカに代わって、中国に護《まも》ってもらうアジア諸国」というかたちになります。そうすると、最悪の場合、アメリカの攻撃《こうげき》からアジアを護るための共同体になってしまう可能性もあります。

これでは、日本の国是《こくぜ》は、これまでとはまったく正反対になります。

もし、東アジアをアメリカの攻撃から護るための共同体が出来上がったとしたら、どうなるでしょうか。

アメリカは台湾《たいわん》を護ることができなくなります。また、北朝鮮《きたちょうせん》が韓国《かんこく》を攻撃し、その北朝鮮をアメリカが攻撃しようとしても、「やがて朝鮮半島は統一され、中国と一緒《いっしょ》になるのだから、アメリカは、北朝鮮を攻撃してはいけない」という事態になる可能性があります。

「時代の流れは、今、その方向に向かっている」ということを、よく読み取らないといけないでしょう。

そして、この東アジア共同体のなかで日本の果たす役割は何かというと、おそらく、〝血〟を抜《ぬ》かれる役割、要するに、経済力のみを吸い取られていく役割だろうと推定します。ゆえに、「東アジア共同体」構想の先には、「貧しさの平等」という未来が開けていくだろうと思います。

「自衛隊のない未来」をイメージしている鳩山《はとやま》首相

鳩山《はとやま》首相は、昨年の所信表明演説において、「アジアに災害等が起きたら、日本から人を送って助けるようにしたい」と言っていましたが、「その反対に、日本に災害が起きたときには、アジアの諸国から助けに来てほしい」とも言っていました。

それを聞いて、「これは驚《おどろ》くべき言葉である」と私は思いました。「日本に台風や地震《じしん》、津波《つなみ》などの災害があったら、どうやら、アジアの諸国に助けに来てほしいらしい。これは、どういう未来なのか」と考えると、自衛隊がほとんど存在していないような未来が見えてきます。「東アジア共同体にて日本を護る」というかたちなのでしょう。

鳩山首相は、「日本は経済的にも没落《ぼつらく》し、アジアの国々が、『友愛』と称《しょう》して手を結び、同じようなレベルで共存していく」というような時代を、どうやらイメージしているようです。彼の言葉から、そのことが読み取れます。

そして、彼の頭のなかからは、すでにアメリカは消えています。

今、問われていることは、「日本をどうするか」ということです。日本を没落させ、アジアのほかの国並みにすることも可能です。しかし、やはり、そうはさせず、せっかくここまで来たのだから、日本を、もう一段、成長させ、アジアのみならず、世界の牽引車《けんいんしゃ》として働けるように持っていくことも可能です。今、こういう選択肢《せんたくし》が生じているのです。

これは考え方一つです。そして、国家戦略を間違《まちが》えた場合には、どちらにでも行くのです。

幸福の科学が頑張《がんば》らなければ、繁栄《はんえい》する未来は来ない

私には、それが読み取れていたために、かくすればかくなるものと知りながら、政治のほうにも意見を申し上げているのです。

ただ、もう一段、教団としての力が欲しいところです。

例えば、二〇〇九年秋、映画「仏陀再誕《ぶっださいたん》」を全国で公開しました。従来の作品以上に評判はよかったのですが、全体的にはまだまだ反応が鈍《にぶ》いとも感じました。ところが、この映画の試写会をインドで行ったところ、三千五百人ほどが観《み》て、その場で千二百人もの人が当会の信者になったのです。なんと信仰心《しんこうしん》の深い人たちでしょうか。二時間のアニメ映画を一回観ただけで、観た人たちの三分の一以上が信者になったわけですから、驚くべきことです。

インドの人々は、「信仰とは素晴らしいもの」と思っているのでしょうし、「仏陀が再誕すれば、それは極《きわ》めてよいことだ」と思っているのでしょう。

ところが、日本人の場合は、疑いの心が強く、まず、「疑わしきは殲滅《せんめつ》していく」というところから始まっているのではないでしょうか。

そのため、これからも、まだまだ、当会にとって難しいことが数多く起きてくるだろうと思います。

私自身も、本章のテーマである、「不屈《ふくつ》の精神を磨《みが》く」ということは、自分自身に対する教訓でもあると考えています。

昨年、私は、全部で百三十回ぐらいの説法を行いましたが、「説法の回数を重ねても、まだ世の中を動かせないでいる。まだ回天《かいてん》の偉業《いぎょう》を達成することができないでいる」ということについては、とても残念な思いを持っています。「まだ日本の流れを変えることができないでいる。世界の流れを変えられないでいる」ということが残念でなりません。

幸福の科学の信者のみなさんにも、無理を承知の上で、何度も何度も、いろいろなことをお願いしています。しかし、「二十世紀から二十一世紀という、この時代の流れのなかで言うと、幸福の科学が頑張《がんば》らなければ、繁栄《はんえい》する未来は来ないのである」ということを、やはり訴《うった》えざるをえません。

私一人だけでは、大きなうねりを、なかなか起こすことはできませんが、ゼロから始めて、ここまで来た以上、これからも万難《ばんなん》を排《はい》して進んでいくならば、世の中を変えていくだけの大きな力になれると思います。

また、そうした大きな力を持ったときに、それに耐《た》えられるだけの器《うつわ》になりたいものであると考えています。

私も含《ふく》め、幸福の科学に属する人々が、「艱難辛苦《かんなんしんく》に耐えうるだけの器をつくり、それを磨《みが》く」という努力をしなければならないと思うのです。

熱血火の如《ごと》くあることは、あるときにはできても、他のときには火が消えてしまうことは多いでしょう。「毎年毎年、うまずたゆまず、その火を絶やすことなく、生き続ける」ということは、難しいことではありますが、「打算を抜きにして、純粋《じゅんすい》に誠を貫《つらぬ》く」という姿勢をとるならば、必ずや成就できると考えます。

私は、東京正心館の近くを通るたびに、前述した、「かくすればかくなるものと知りながら　やむにやまれぬ大和魂《やまとだましい》」という、松陰《しょういん》の言葉を思い出すのです。

みなさんにも、「かなり厳しい結果が生じても、誰《だれ》かがやらなければならないことについては、やはり、人任せにしてはいけない」という気持ちを持っていただきたいと思います。

4 「真なる自由」と「騎士道《きしどう》精神」の下《もと》に

社会主義は一九九〇年を境にして滅《ほろ》びるべきだった

今の政権が「革命政権」と自称《じしょう》しているのなら、反革命を起こさなければいけないでしょう。

私は、「社会主義は一九九〇年を境にして滅《ほろ》びていくべきだった」と思います。それが復活してくるということは、やはり、よくないのです。

社会主義というものは、最終的には、無神論や唯物論《ゆいぶつろん》を広め、「貧しさの平等」に行き着き、人間の自由を制限して、言論の自由を行使する人を刑務所《けいむしょ》送りにしていきます。そうした政治体制につながっていくので、社会主義は望ましいとは思いません。

自由を制限すれば、信教の自由もなければ、良心の自由も、言論の自由も、出版の自由も、すべて、なくなっていきます。

したがって、「平等」より「自由」を大事にしたほうがよいのです。「真なる自由と、貧しい人たちに対して救いの手を差し伸《の》べる騎士道《きしどう》精神を持つ」という考え方のほうが大事であり、「全員をすり潰《つぶ》して平等にすればよい」という考えであってはならないと私は思います。

「幸福の科学は、そういう意味での社会主義、つまり、誰《だれ》もが自由を抑圧《よくあつ》され、囚人《しゅうじん》のような平等を持つことをもって、ユートピアとは断じて考えていない」ということを述べておきます。

当会は、あくまでも、信教の自由や言論の自由、思想・信条の自由、出版の自由、政体を選ぶ自由、国の政治のあり方を選ぶ自由、そういう自由を保障し、護《まも》り続ける旗手《きしゅ》でありたいと思いますし、「国民一人ひとりが自分自身の生き方について責任を持つ」という意味での、真なる保守でもありたいと考えています。

そして、その延長上に未来を構築しなければいけません。

「前政権の正反対のことを行えば革命になる」というような考え方は安易で甘《あま》いと私は思います。

「先の政権がダムを途中《とちゅう》までつくっていたけれども、政権が変わったから、つくるのをやめる」ということをもって、革命であるとは、私はまったく思わないのです。そんなことは、「中断」と言うのです。あるいは、「ただの先延ばし」です。

いずれ蒸し返しが来るに決まっています。政権がまた変わったときに再びつくり始め、費用がかさむだけのことです。

あるいは、〝不況《ふきょう》革命〟で不況を増大させることになるか、どちらかです。

とにかく、鳩山《はとやま》首相は、「友愛」という言葉を、「平等」と同価値のものとして使っているようなので、「真の、未来への道は、どういうものであるか」ということを指し示したいのです。

「人づくり」が、世の中を変えることにつながる

何があっても、挫《くじ》けることなく、毎年毎年、前進していく幸福の科学でありたいと思います。

信者のみなさんも、しがらみは数多くあるとは思いますが、何とか一歩でも二歩でも前進してほしいものです。

安倍元首相は、幸福の科学のシンパではあるのですが、昨年の衆院選で自民党が大敗したあと、彼の守護霊《しゅごれい》は、「幸福実現党と協力して、何とか盛り返したい」と二回ほど私に言ってきました。

しかし、私たちは、もともと、自民党が滅びると見て、「幸福実現党こそが〝次の自民党〟である」と思って立党したのです。麻生《あそう》首相の次の首相を出すつもりで立党し、それが実現していないだけなのです。

ただ、やはり、言うべきことは言わなければいけないと思っています。

この世を変えることは、とても難しいので、すぐには、私たちが考えているとおりにはならないかもしれませんが、人物をつくり出し、輩出《はいしゅつ》することが、世の中を変えることにつながっていくのです。ゆえに、「人づくり」ということを大事にしたいと考えています。

伝道は、単に信者の数を増やすだけではいけません。数だけ多くても駄目《だめ》なのです。伝道した相手を養成し、立派な信者に育て上げていくことが、実際に、いろいろな活動をする際の力になってくるはずです。その点を忘れないでいただきたいと思います。

最終章

必勝の精神

2009年７月28日（東京都・新宿文化センターにて）

1 「勝利の方程式」とは

強く念じ続けることとは、現実の世界に引き寄せられる

最終章は、「必勝の精神」と題して述べていきます。

今、政治に、一歩、足を踏《ふ》み出すにあたり、未知の世界に入るような恐怖《きょうふ》に、とらわれている人も多いかもしれません。何事も、初めて行うことは難しく感じるものです。

夜道を独りで歩けば、夜の闇《やみ》は深く見え、何か怖《こわ》いものが追いかけてきているように感じ、自分の影《かげ》にさえ怯《おび》えるものです。人の心のなかには、ある種の恐怖心が、潜在的《せんざいてき》に宿っているのです。

そのため、この世における、さまざまな躓《つまず》きや失敗、苦しみや挫折《ざせつ》というものは、世間一般《いっぱん》を見ると、よくあることですが、いざそれが自分の身に起きると、とても不幸で不運なことであるかのように人は感じがちです。

しかし、自分が恐《おそ》れているものというのは、たいていの場合、実体の存在しないものであることが多いのです。過ぎてしまえば、大したことがなく、ほとんどの場合、取り越《こ》し苦労や持ち越し苦労をしているのです。

したがって、政治活動において、人から中傷を受けるようなこともあるかもしれませんが、目先の小さな出来事で挫《くじ》けてはなりません。

ましてや、自分自身の考え方によって、自らを小さく見たり、自らの能力に限界を定めてみたり、あるいは、「自分は、もう駄目《だめ》なのだ」と限界を画したりするような習慣があるならば、それを決して肯定《こうてい》してはなりません。

心のなかで肯定すべきものは、未来の理想像でなければならないのです。必ず、心のなかに、自分の「あるべき姿」というものを思い描《えが》いてください。それを強く念じ続け、現にそれが、ありありと見えてくるように感じられるようになってきたとき、その未来は現実の世界へと引き寄せられてきます。

これは、さまざまな宗教で、世界的に説かれている法則の一つであり、私自身も数多く経験をしてきたことです。

外国では、「引き寄せの法則」と言うこともありますが、「自己実現の法則」「成功の法則」と言ってもよいし、あるいは、「勝利の方程式」と呼んでもよいと思います。

こうした「勝利の方法」というのは、心の使い方を知らない者にとっては、まったく未知の武器です。「人間には心というものがあり、その心を支配することによって、自分の人生が変わり、未来が変わる」ということを知らない人にとっては、まったく予想もつかない武器であるのです。

単に、「この世に偶然《ぐうぜん》に生まれ、偶然に生き、偶然に人間関係ができ、毎日、いろいろな仕事が偶然に進んでいる」と感じている人にとっては、まことに想像することができない法則なのですが、この心の力を使うと、実は三次元と言われる地上世界を超《こ》えた世界の力を呼び込《こ》むことができるようになるのです。

「どのような人間になりたいか」を自らに問い、理想の自己像を描《えが》け

人間の本来の姿は、今、生きている肉体の姿そのものでは、決して、ありません。本来、人間は魂《たましい》であり、霊的《れいてき》な存在です。

その霊的な存在は、地上での数十年の人生が終わると、必ず肉体から解き放たれ、人間としての形を離《はな》れて自由自在な存在へと変わっていきます。霊の世界は、思いの世界であり、考えの世界です。考えていることが、すなわち、あなた自身であるのです。

みなさんは、自分の名前や着ている服、家柄《いえがら》、あるいは、会社の名前や肩書《かたがき》など、そういうもので自分というものを定義すると思いますが、人間の本来の姿は、そうしたものをすべて捨て去ったのちに現れてくるものなのです。

それは何であるかというと、要するに、「あなたの考えている内容そのものが、あなた自身である」という事実です。これは、初歩的ではありますが、一つの悟《さと》りの姿です。そして、この事実を生きている間《あいだ》に悟りえた人にとって、人生は、それまでとまったく違《ちが》った展開を示すようになっていきます。

それは、この世的に考えてみても、そのとおりであることが分かるでしょう。闇夜に舟《ふね》を漕《こ》いでいても、目的地が光で照らされていたら、辿《たど》り着くのは、そう難しいことではありません。しかし、目指すべきものがなかったら、闇夜の暗い海のなかで、人は漂《ただよ》うしかないのです。

結局、心のなかに描《えが》く「あるべき姿」というものは、みなさんの本来進むべき方向を確かに指し示すものとなるのです。

ゆえに、「どのように自己の未来像を描くか」ということは非常に大事なのです。

「必勝の精神」というテーマに照らして述べるとするならば、まず、「自分は、どのような人間になりたいのか」ということを自らに問うことです。

「このような人間になりたい」という思いが、繰《く》り返し繰り返し、自分の心のなかに湧《わ》き出てくるかどうか。何度、否定しても、心のうずきとして出てくるかどうか。

目を閉じて瞑想《めいそう》し、未来の自分というものを想像してみると、見えてくる姿があると思います。「その姿が、いったい、どういうものであるのか」を見つめてほしいのです。

そして、それが、ありありと見えてくるようになれば、それは、必ず、未来において現実のものになってきます。やがて、そのようになってくるのです。

私は、今、述べたような経験を、これまでに何十回、何百回、あるいはそれ以上、積み重ねてきたのです。

2　常勝思考《じょうしょうしこう》を実践《じっせん》し、心の法則をつかみ取る

いかなる立場においても、生き筋を見つけよ

たいていの人は、自分で自分を縛《しば》っています。自分でも知らないうちに、負け犬になっているのです。

もちろん、何十年かの人生を生きている間《あいだ》には、幾《いく》つかの挫折《ざせつ》や失敗は、誰《だれ》にでもあるでしょう。

ただ、「それを、単に、自分に対する烙印《らくいん》として、つまり悪しき劣等感《れっとうかん》のようなものとして刻印するか」、それとも、「そのなかから何かを学んで立ち上がるか」は、その人の選択《せんたく》に委《ゆだ》ねられているのです。

私が説いている教えのなかに、「常勝思考《じょうしょうしこう》」というものがあります。常勝思考とは、決して、「野球などのスポーツにおいて、必ず百戦百勝する」というような意味ではありません。「いかなる立場において、いかなる結果が出ようとも、必ず、そのなかから、生き筋を見つけていくことが大事である」という教えなのです。

すなわち、現実に勝利を収めたときは、それによって、慢心《まんしん》し驕《おご》ることなく、さらに、「次なる勝利を目指し、謙虚《けんきょ》に努力・精進していく」という自分自身の姿をつくり出していかねばなりません。これが、常勝思考の一つの面です。

もう一つの面は、失敗や挫折に直面したときの対応の仕方です。さまざまな対応の仕方があると思いますが、結論的に述べるならば、「あなたがたの人生にとって、最も効果的であり有益である」と思われる対応の仕方は、失敗のなかから、教訓をつかみ出すことです。自分オリジナルの教訓をつかみ出し、次のチャンスの芽を探し出すことなのです。

すでに成功したことのなかには、将来の成功の芽は、それほど多くはありません。すでに成功してしまったものについては、「これ以上、どうしたらよいか」が分からないことも多いのですが、失敗のなかからは、次の成功の種が必ず見つかるものなのです。

人は、失敗することによって、数多くのことを学びます。失敗のなかから、ヒントが生まれます。次のやるべきことが明らかに見えてくるのです。

この世において、自分を失敗させたり挫折させたりするようなこと、あるいは、不本意だと思うようなことが起きたときには、そのなかから、次の成功の種を丹《たん》念《ねん》に探し出し、それを育て上げていくことが大切です。それが、いつの時代においても、いかなる職業においても、人生を成功させていく方法であるのです。

このように、私は、常勝思考の教えとして、「勝ったときには、謙虚になれ。さらに精進を続けるように自分を戒《いまし》めよ。一方、挫折や失敗をしたときには、そのなかから、反省すべきことは反省し、教訓を学び、次なる成功の種を必ずつかみ出していくこと、そして、その成功の種のなかから、自分の努力の方向を見いだしていくことが大事である」ということを説いてきましたし、実際に、教団も、そのように運営してきたのです。

心の法則をつかみ取れたら、人間の力は十倍、百倍となる

成功したときには、人は、浮《う》かれて有頂天になり、そこから何も学ばないことが多いのです。そして、自画自賛をし、「自分のやり方に間違《まちが》いはない」と思っ

て、慢心してしまうことが多くあります。

その結果、その後も成長することはありますが、成長の速度が遅《おそ》くなったり、あるいは、その先で思わぬ落とし穴に落ちたりするのです。「成功のあとに挫折《ざせつ》がやってきて、苦しむ」ということがよくあります。

ところが、失敗のなかから、自分の生き筋を一生懸命《いっしょうけんめい》に考え、見いだした人にとっては、一つひとつの失敗が、珠玉《しゅぎょく》の教訓となるのです。

失敗のときは、自分オリジナルのテキストができようとしているときでもあります。自らの「人生の問題集」が、一ページ一ページ、一問一問、明らかにされようとしているのです。

なぜなら、そのなかに、あなたの次の課題というもの、あるいは、今世《こんぜ》の人生の秘密というものが隠《かく》されているからです。自分が問題だと思っていることや、今苦しんでいることは、すべて、あなたの魂《たましい》を伸《の》ばすための教材でもあるわけです。

そうしたことを肝《きも》に銘《めい》じ、一つひとつ、教訓をつかみ、自分をさらに伸ばしていかねばなりません。また、会社などの組織に所属している人は、みなのチームワークによって、より大きな成功ができるように、未来を導いていかねばならないのです。それを忘れないでいただきたいと思います。

これは、ある意味で、この世的な処世の道ではありますが、このなかにおいて、先ほど述べた「心の法則」は確実に働いています。「あなたの思いそのものが、あなたの未来をつくる」という法則を、実感として、つかみ取ることができたならば、あなたの力は本当に十倍、百倍へと増していくでしょう。

どうか、自分のことを小さく定義しないでください。

自分で自分の人生を拓《ひら》く

今、私は、外国帰りで都会派の、どちらかと言えば、東京生まれのような〝顔〟をして生きておりますが、実は四国の貧しい家庭に生まれ、苦学して東京に出てきた者です。大手総合商社に就職後、予期せぬ方向でしたが、海外でも〝修行〟をしました。そのように、現在まで、自助努力の世界のなかで生きてきた者であります。

私には、本当の意味で「人生の師」なるものは、いませんでした。自分自身を人生の師として道を拓《ひら》いていく以外に方法はなかったのです。

自分で自分の人生を拓き、そして、いつの間にか、みなさんを教えるようになっていったわけです。

私が初めてみなさんの前で説法をしたのは、一九八六年の十一月二十三日です。日暮里酒販会館《にっぽりしゅはんかいかん》（現・幸福の科学 初転法輪記念館《しょてんぽうりんきねんかん》）という所で座談会を開き、全国から会員が集まったのですが、参加者は、わずか九十人ばかりでした。ちなみに、当会では、毎年、十一月二十三日には、初転法輪祭を開催《かいさい》しています。

当時、私は、「九十人に説法をし、何も話ができなくて大恥《おおはじ》をかいたら、もう宗教家はやめようか」と思うほど、あまり自信がありませんでした。

ところが、実際に説法をしたところ、「次はいつですか」という問い合わせが意外に多く、「一回でやめようか」とも思っていたところが、やめられなくなったのです。

そして、講演会は、できるだけ先に延ばそうとしていたのですが、「早くやってほしい」という声が多く、そこで、一九八七年の三月八日、牛込《うしごめ》公会堂で、定員四百人ぐらいの第一回講演会を行ったのです。

それが、「幸福の原理」という題の講演会です。これも、私自身は、決して、自信があって行《おこな》ったものではありません。「幸福の原理」という題で説法をしたのですが、そのときは、これが、「幸福の科学」という教団をつくる基《もとい》になるような根幹的な教えになっていくとは、思いもしませんでした。その最初の講演が、結局、教団の二十年以上の歴史をつくる原点になりました。

実は、その講演の前、私は、前年の座談会に参加していた、ある俳優の方から、「あまりにも話が下手である」という、お叱《しか》りの手紙をいただいていたのです。その後、当会の本部講師もされた方で、もう帰天されましたが、その方から、「人前で話すときには、こうするのだ」ということを、懇々《こんこん》と諭《さと》した、二十枚ぐらいの分厚い手紙をいただきました。切手が何枚も貼《は》ってあったのを覚えています。

「人前で話すときには、まずは、練習に継《つ》ぐ練習が大事である」「原稿《げんこう》をしっかり書きなさい」「間合いを取り、おなかから声を出し、声は切って出さなければいけない。あなたのような話し方をしていたら、のどを潰《つぶ》してしまう。だから、発声を正確にやらなければいけない」というような指導をたくさん受けたのです。そして、第一回の講演会が終わったあと、その方と面談をする予定になっていたのですが、いつまで待っても、やってきませんでした。

私の話し方が、前回と比べてガラッと変わり、あまりにも変身していたので、その方は、びっくりしてしまい、逃《に》げ帰ってしまったのです。

私のほうは、「どうしたら、うまく話ができるのか、教えてほしい。ぜひ、その秘訣《ひけつ》を聴《き》きたい」と思って、待っていたのですが、断りもなく帰ってしまったのです。

あとで聞いたところによれば、「私が教えるまでもなく、手紙で書いたとおりに、できておりました。恐《おそ》れ入《い》りました」という感じだったようです。

3　本番の勝負に強くなれ

「何もかも条件が整えば勝てる」という考えを捨てる

私は今まで、千数百回、説法をしましたが、原稿《げんこう》を書いたことは一回もありません。英語でも説法をしていますが、やはり原稿は書いていません。すべて、その場で考えて、説法をしています。

そのため、私は、説法のテーマを書いた複数のカードから一枚を引き、その場で演題を決めたとしても、すぐに説法をすることができます。それが、過去二十数年間の私の仕事です。

何が言いたいかというと、「準備に継《つ》ぐ準備をする」という考えもあるとは思いますが、「人生に勝利するためには、最後は、本番の勝負に強くなければ、駄《だ》目《め》である」ということです。

人間は、真剣《しんけん》勝負の本番で勝たなければ、駄目です。本番の勝負を実力で戦い抜《ぬ》くことが大事なのです。この世的には、「準備万端《ばんたん》、整えば、勝てる」という考えもあるでしょうが、実は、そういう人は敗れることが多いのです。

道場において竹刀《しない》で勝負することと、真剣で勝負することとでは、全然、違《ちが》います。「勝たなければ、死ぬ」という真剣勝負を経験した者と、竹刀で戦っている者とでは、気迫《きはく》が、全然、違ってくるのです。

みなさんにも、そういう気迫を持っていただきたいものだと思います。もし、「何もかも条件が整ったら、勝てる」というような考えを持っているなら、どうか、きょうを限りにカラッと捨ててください。

宮本武蔵《みやもとむさし》と同じ心境で、臨んでください。「生涯《しょうがい》で六十数回戦い、一度も敗れなかった」と言われていますが、その武蔵は、「勝負というのは怖《こわ》いものである」というようなことを語っています。それは、そうでしょう。真剣勝負とは命の取り合いであり、負ければ死ぬわけですから、大変なことです。

無我になり無心になり、神仏の力を受け止めよ

選挙にも、そういうところはあるかもしれません。命は取られませんが、「どちらかが通れば、どちらかが落ちる」ということが、現実にはあります。

したがって、真剣勝負に強くなければ、駄目です。選挙とは、「周りがすべて準備してくれて、出さえすれば勝てる」というような状況《じょうきょう》で、向かっていくものではないのです。

その意味で、開き直って、「真剣で戦う」という気持ちを持つことが大事です。

世間では、いろいろな方法論やノウハウが出回っていますし、選挙に関しても、

そういうものがあるとは思いますが、それらは無視して、やはり、本番で勝負することです。

生《なま》の人間として勝負することです。街頭演説であろうが、講演会であろうが、戸別訪問であろうが、辻説法《つじせっぽう》であろうが、何でも結構ですが、その場その場で、真剣勝負を挑《いど》んでください。

何も考えなくてよいのです。その場に立てば、自らの口から、自然に、力強い言葉が出てくるでしょう。それは、今、みなさんを支援《しえん》している「大きな力」が働いているからです。

どうか、その大きな力を受け止めてください。この世的なことを考えすぎていると、その大きな力が入ってこないのです。この世的なノウハウやハウツー、あるいは周りが言っている勝ち方ばかりを聞いていたら、その大きな力が流れ込《こ》んでこないのです。

どうか、無我になり、無心になってください。そして、「自分の動機が善であり純粋《じゅんすい》であり無私であるならば、必ずや、自分自身の声は、天の声として多くの人々に伝わるのだ」ということを信じていただきたいのです。

この世の人間は聞き分けが悪いこともありますが、神仏の力に抗《あらが》えるような人類は、この地上に存在し続けることができないのです。それを信じてください。

それを信じたならば、みなさんは、無敵への道を歩み始めることになるでしょう。

あなたがたを、もう一段、強める力があります。それに気づいてほしいのです。

「自分独りで戦っているわけではない」ということを知ってください。

4 「国民を救わん」という意志を伝えよ

これは、仏の悲願を実現するための運動である

幸福実現党という政党を立てましたが、この世的な利害のために、やっているのではありません。

単に、「政界進出をして、名前を上げたい」とも思っていません。単に、「利益誘導《ゆうどう》をしたい」とも思っていません。そうしたことは、まったく考えていません。

われわれは、今、天上界《てんじょうかい》からの大いなる意向を受けて、「あなたがたが幸福維《い》新《しん》の志士となれ」という力強い指導を受けて、立ち上がっているのです。

したがって、「自分は一人の人間として戦っている。一人の『人間力』のなか

で働いている」というように小さく考えるのは、やめていただきたいのです。みなさんは、天上界の諸如来《しょにょらい》・諸菩薩《しょぼさつ》、天使たちの期待を担《にな》って、今、仕事をしているのです。

この世の俗人《ぞくじん》たちが偉《えら》く見えるのなら、その曇《くも》った目を払《はら》ってください。これは、人間の戦いではありません。神の戦いであり、仏の悲願を実現しようとする運動なのです。「この地上において、仏国土ユートピアをつくれ」という天命が下ったのです。

簡単にギブアップしてはいけません。まだ始まったところです。

昨年（二〇〇九年）四月には、幸福実現党はまだ存在せず、知っている人は誰《だれ》もいませんでした。

それが、数百人が知り、数千人が知り、数万人が知り、全国に少しずつ知れ渡《わた》り、日本人の半分ぐらいが知り、今では、ほとんどの人が知っています。

ただ、政党の名前を知っただけでは応援《おうえん》をしてくれません。それはそうでしょう。中身がまだ分からないし、納得がいかないわけですから、私たちには、もっと努力が要《い》ります。

しかし、いったん流れ始めたエネルギーは止まりません。この幸福実現党の運動は、人間が行っているものではない以上、それほど、単純な運動でも、単純なエネルギーでもないのです。

新聞や週刊誌などに書いてあるようなものに惑《まど》わされてはいけません。

選挙が近づくと、週刊誌などのマスコミは、アルバイトを雇《やと》い、五百人ぐらいの人にアンケート調査をして、「○○党は何議席」などと書いていますが、そのような記事は蹴飛《けと》ばしてください。アルバイトがまともに調査をしているかは誰も見ていないのです。

すでに評論家が「○」「×」を付けて予想し終わっており、結論は最初からできています。それに、数字を当てはめているだけなのです。そのようなものは、無視してください。

みなさんは、人間対人間の戦いをしているのではありません。天上界の意を受けて戦っているのです。ほかのものは、本来、敵ではありません。

この流れは止まりません。始まったばかりの戦いですが、これから延々と続く、大河のごとき流れが始まろうとしているのです。

最初は難しく思えるかもしれません。最初は小さく見えるかもしれません。しかし、この流れは、決して逆流することはないのです。必ず、前に進み続けることでしょう。

天上界《てんじょうかい》から強い応援《おうえん》があることを信じ切れ

この世においては、物事が実現するまでに、一定の時間がかかるかもしれません。

しかし、今、私は、宗教法人幸福の科学をつくったときと同じような気持ちで、あるいは、もう一つ、新しい教団をつくるぐらいの気持ちで、幸福実現党を立ち上げたのです。

立宗《りっしゅう》当初、教団は小さくて大変でした。自信を持って仕事をすることが、なかなか、できませんでしたし、講演会を開いても、人が来てくれるかどうか、いつも心配でした。

それが、気がつけば、断っても断っても、人がやってきて、会場に入れないようになっていきました。最後には、参加希望者を全員収容できるような会場は、日本には、なくなってしまったのです。

最近、マイケル・ジャクソンが亡くなりましたが、実は、彼とマドンナが、私の〝ライバル〟でした。一九九一年から九五年まで、東京ドームで、十回、講演を行い、最後のほうは、東京ドームから全国に衛星中継《ちゅうけい》もかけました。

日本には、講演のできる所がなくなったのです。三十五歳《さい》で、世界最高レベルまで行ってしまったわけです。

当時、同じ規模の人数を動員していたのは、マイケル・ジャクソンとマドンナぐらいでした。向こうはコンサートですが、私は硬派《こうは》な講演で人を集めていたのですから、それは大変でした。

「私の真剣《しんけん》勝負の気持ちが、どれほど、すごかったか」ということが分かるでしょう。それは、毎年毎年、あるいは、毎月毎月、もっと言えば、毎日毎日の、努力・精進の積み重ねの賜物《たまもの》であったと思うのです。

さらに、最終的には、天上界《てんじょうかい》からの強い強い応援《おうえん》もあって、幸福の科学は大発展していきました。そのことを考えると、当初、天上界の応援を十分に信じ切れなかった自分の弱さが、スタートを緩《ゆる》やかにし、遅《おく》らせてしまったと思っています。

私は、一九八七年は、千人ぐらいの規模で、八八年は、日比谷公会堂など、二千人ぐらいの規模で講演会を行いました。八九年の暮れには、両国国技館で八千五百人規模の講演会を開き、九〇年には、幕張メッセで一万数千人規模の講演会を行いました。

九一年からは、五年間ほど、東京ドームを使いましたが、最後には、東京ドームにも入り切らなくなり、冗談《じょうだん》で、「太平洋上にタンカーでも浮《う》かべてやるか」という話も出るぐらいになりました。

そういう流れで、とにかく、大きくなっていったのです。

毎年パワーアップし、大河のごとき政治の波をつくろう

現在の幸福実現党は、幸福の科学で言えば、立宗したばかりのころの状態でし

ょうか。

幸福実現党の運動が、今はささやかに見えたり、他の政党が大きく見えたりすることもあるだろうと思います。

しかし、時間の問題です。時機が来たら、あっという間に、形勢は完全に逆転します。どうか、単純に考えないでください。私には、すでに実績があるので自信があるのです。必ず実現していきます。

政治という方面において、私たちの運動が、まだ、多くの人々から十分に理解されておらず、賛同を得ていないことは事実です。

しかし、戦いは始まったばかりであり、今はまだ〝ウォーミングアップ〟をしているところです。私たちの本当の力は、まだ、このようなものではありません。これから十倍、百倍、千倍になっていきます。この流れは、必ず、大きな大きな大河になっていきます。

その間、私たちは、勝つ経験も負ける経験も積みながら、大きくなっていきたいと思います。その過程で、偉大《いだい》な智慧《ちえ》が生まれてくるでしょう。そして、国民を真に幸福にする道というものを確信できるようになると信じてやみません。

私は、バラク・オバマなど、相手にならないくらい巨大《きょだい》な霊力《れいりょく》を持っています。

また、私は、『明治天皇・昭和天皇の霊言《れいげん》』（幸福の科学出版刊）という本も出していますが、明治天皇や昭和天皇が、この国を託せるのは、私しかいないのです。ほかに霊言を降ろせる所はないわけです。

この国の八百万《やおよろず》の神々、および、外国の神々も、幸福実現党に期待しています。ほかの政党の人は、もう競争相手ではありません。

ですから、みなさんは、真一文字に押《お》して押して、押して、押しまくってください。勝利への道は必ず拓《ひら》けます。

最近、読んだある本には、「アメリカでは、インターネットの普及《ふきゅう》により、二〇〇八年に多くの新聞社が倒《たお》れ、『新聞消滅《しょうめつ》元年』になった。今まで、アメリカで起きたことは、三年後に日本で起きるので、二〇一一年が、日本の『新聞消滅元年』になるだろう。また、テレビも、インターネットの普及による広告収入激減の流れが決定的になり、生き残れないだろう」というようなことが書いてありました。

幸福実現党を無視する新聞やテレビは、みな、消滅していくのです。どうか、そのような滅びゆくマスコミの批判などに負けずに、ただただ正論を説き、「国民を救わん」という意志を伝えてください。

毎年毎年、力はパワーアップしていきます。必ず、激流のごとく、大河のごとく、大海のごとく、世界を包み込《こ》むような、大きな政治の波をつくります。共に頑張《がんば》りましょう。

あとがき

宗教が政治活動に進出するにあたっての、決意表明の書であるといってよいだろう。

「賽《さい》は投《な》げられた」。ただひたすらにルビコンを渡れ。

二〇一〇年　四月末

国師《こくし》　大川隆法《おおかわりゅうほう》

本書は左記の法話等をとりまとめ、加筆したものです。

『幸福実現党の目指すもの』
二〇〇九年六月三十日書き下ろし

第1章　天命を信じよ
二〇〇九年十月二十七日説法
東京都・総合本部にて

第2章　悟りと政治の関係
二〇〇九年六月二十八日説法
徳島県・聖地・四国正心館にて

第3章　愛と成功
──『ハウ・アバウト・ユー?』セミナー──
二〇〇九年六月十四日説法
北海道・北海道正心館にて

第4章　仏の教えと時代性
──仙台特別講演会──
二〇〇九年七月十五日説法
宮城県・仙台国際センターにて

第5章　宗教立国の精神
――『新・日本国憲法 試案』セミナー――
第6章　千年王国の理想について
――京都特別講演会――
第7章　法輪転じる時は今
第8章　不屈の精神を磨く
最終章　必勝の精神
――東京特別講演会――

二〇〇九年七月十二日説法
栃木県・総本山・正心館にて
二〇〇九年七月二十日説法
京都府・ウェスティン都ホテル京都にて
二〇〇九年六月十七日説法
東京都・東京北支部精舎にて
二〇〇九年十月三十一日説法
山口県・下関支部精舎にて
二〇〇九年七月二十八日説法
東京都・新宿文化センターにて

『宗教立国の精神』大川隆法著作参考文献

『幸福実現党宣言』（幸福の科学出版刊）
『新・日本国憲法 試案』（同右）
『太陽の法』（同右）
『勇気の法』（同右）
『ハウ・アバウト・ユー?』（同右）
『明治天皇・昭和天皇の霊言』（同右）

宗教立国《しゅうきょうりっこく》の精神《せいしん》　――この国に精神的主柱を――

2010年５月27日　初版第１刷

著　者　　大《おお》　川《かわ》　隆《りゅう》　法《ほう》

発行所　　幸福の科学出版株式会社

〒142-0041　東京都品川区戸越１丁目６番７号
TEL(03)6384-3777
http://www.irhpress.co.jp/

印刷・製本　株式会社 堀内印刷所

落丁・乱丁本はおとりかえいたします
©Ryuho Okawa 2010. Printed in Japan. 検印省略
ISBN978-4-86395-038-2 C0030
Photo: ©Andrey Flavio-Fotolia.com

大川隆法ベストセラーズ・希望の未来を創造する

危機に立つ日本

国難打破から未来創造へ

2009年「政権交代」が及ぼす国難の正体と、現政権の根本にある思想的な誤りを克明に描き出す。未来のための警鐘を鳴らし、希望への道筋を掲げた一書。

第1章 国難選挙と逆転思考
第2章 危機の中の経営
第3章 危機に立つ日本
第4章 日本沈没を防ぐために
第5章 世を照らす光となれ

1,400円

創造の法

常識を破壊し、新時代を拓く

斬新なアイデアを得る秘訣、究極のインスピレーション獲得法など、仕事や人生の付加価値を高める実践法が満載。業績不振、不況など難局を打開するヒントがここに。

第1章 創造的に生きよう
第2章 アイデアと仕事について
第3章 クリエイティブに生きる
第4章 インスピレーションと自助努力
第5章 新文明の潮流は止まらない

1,800円

※表示価格は本体価格(税別)です。

大川隆法 ベストセラーズ・混迷を打ち破る「未来ビジョン」

幸福実現党宣言

この国の未来をデザインする

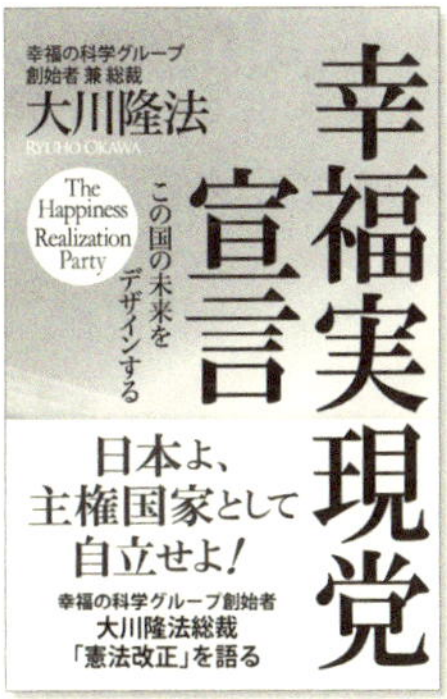

政治と宗教の真なる関係、「日本国憲法」を改正すべき理由など、日本が世界を牽引するために必要な、国家運営のあるべき姿を指し示す。

1,600円

政治の理想について

幸福実現党宣言②

幸福実現党の立党理念、政治の最高の理想、三億人国家構想、交通革命への提言など、この国と世界の未来を語る。

1,800円

政治に勇気を

幸福実現党宣言③

霊査によって明かされる「金正日の野望」とは？ 気概のない政治家に活を入れる一書。孔明の霊言も収録。

1,600円

新・日本国憲法試案

幸福実現党宣言④

大統領制の導入、防衛軍の創設、公務員への能力制導入など、日本の未来を切り開く「新しい憲法」を提示する。

1,200円

夢のある国へ――幸福維新

幸福実現党宣言⑤

日本をもう一度、高度成長に導く政策、アジアに平和と繁栄をもたらす指針など、希望の未来への道筋を示す。

1,600円

日米安保クライシス

丸山眞男 vs. 岸信介

「60年安保」を闘った、政治学者・丸山眞男と元首相・岸信介による霊言対決。二人の死後の行方に審判がくだる。

第1章　安保闘争の理論的リーダーの末路 <丸山眞男>

丸山眞男の基本的思想とは

「現在日本の政治」と「丸山理論」の関係　ほか

第2章　この国の未来のために信念を貫け <岸信介>

日米安保五十年の意味

東京裁判史観を見直すための鍵とは　ほか

1,200円

民主党亡国論

金丸信・大久保利通・チャーチルの霊言

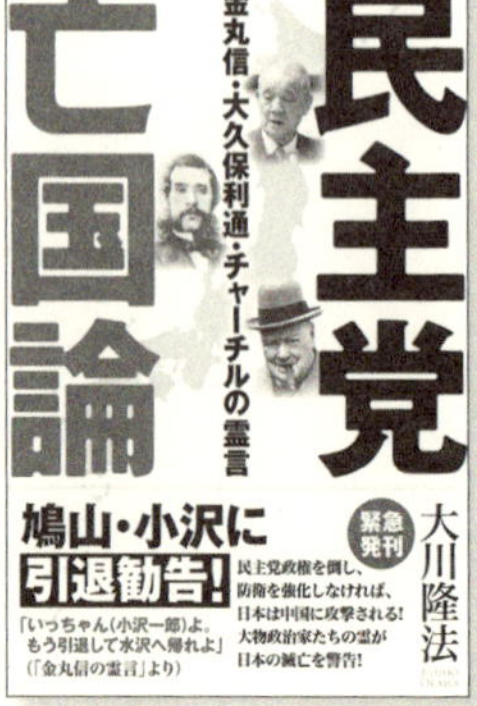

三人の大物政治家の霊が、現・与党を厳しく批判する。危機意識の不足する、マスコミや国民に目覚めを与える一書。

第1章　小沢一郎への引退勧告 <金丸信>

違法献金問題への一喝／日米同盟を崩すようなら、

民主党政権を絶対に倒せ　ほか

第2章　新しい国体をつくるために <大久保利通>

マッカーサー憲法を廃棄し、新しくつくり直すべき

欧米のまねではなく、新しい日本モデルをつくれ　ほか

第3章　中国に“ヒトラー”が現れる <チャーチル>

元寇以来の国家存亡の危機／国やマスコミのあり方を

変えないかぎり、この国は守れないだろう　ほか

1,200円

※表示価格は本体価格（税別）です。

大川隆法ベストセラーズ・霊言シリーズ

福沢諭吉霊言による「新・学問のすすめ」

現代教育界の堕落を根本から批判し、「教育」の持つ意義を訴える。さらに、未来産業発展のための新たな理念を提示する。

第１章　福沢諭吉の霊言――霊界事情と教育論・男女観
私が見た「霊界事情」／学歴社会の現状をどう見るか
女性の生き方をどう考えるか　ほか

第２章　福沢諭吉霊言による「新・学問のすすめ」
「日本人の学力の復活」への指針／学校教育の無償化は“地獄への道”／現在、天上界から何を指導しているか　ほか

1,300円

勝海舟の一刀両断！

霊言問答・リーダー論から外交戦略まで

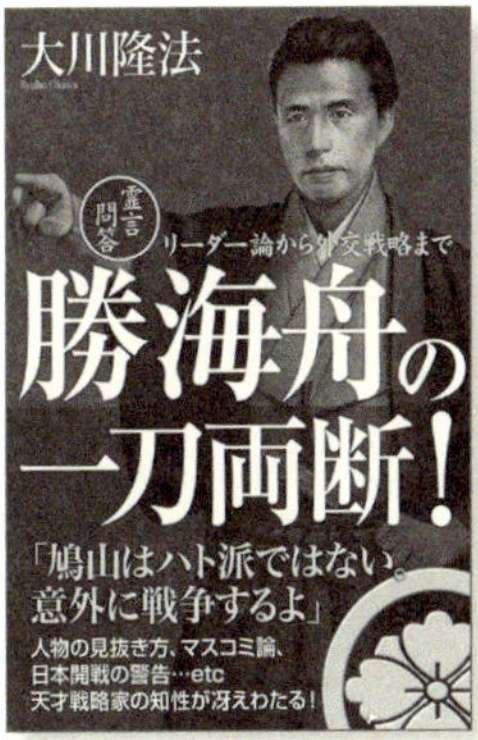

幕末にあって時代を見通した勝海舟が甦り、今の政治・外交を斬る。厳しい批評のなかに、未来を切り拓く知性がきらめく。

第１章　侍精神を持って断行せよ
三つの条件で人材を見よ／マクロ認識のないマスコミが国を滅ぼす／日本は「半主権国家」である　ほか

第２章　説得力を高める智慧とは
自分を飾らず、本来の自分で行け／中国とは、どう付き合うべきか／なぜ、勝海舟は暗殺されなかったのか　ほか

1,400円

西郷隆盛
日本人への警告

この国の未来を憂う

西郷隆盛の憂国の情、英雄待望の思いが胸を打つ。日本を襲う経済・国防上の危機を明示し、この国を救う気概を問う。

第1章　沈みゆく日本を救うために
新たな国づくりのための指針／信念でもって人を動かせ
この国を背負う若者へのメッセージ　ほか

第2章　信念を持って、この国を護り抜け
未来の設計図を提示せよ／正義と政治のあるべき姿
中国が覇権を握ると日本はどうなるか　ほか

1,200円

一喝！
吉田松陰の霊言

21世紀の志士たちへ

明治維新の原動力となった情熱、気迫、激誠の姿がここに！ 指導者の心構えを説くとともに、現政権を一喝する。

第1章　指導者としての厳しさを知れ
リーダーを輩出するための心構え
真剣勝負で戦い、大義を成就せよ　ほか

第2章　「一日一生」の思いで生きよ
国民の価値観を変えるために／吉田松陰の二十九年の人生が示すもの／若者のリーダーたるべき者とは　ほか

1,200円

※表示価格は本体価格（税別）です。

大川隆法ベストセラーズ・霊言シリーズ

龍馬降臨

幸福実現党・応援団長 龍馬が語る
「日本再生ビジョン」

坂本龍馬の180分ロングインタビュー（霊言）を公開で緊急収録！ 国難を救い、日本を再生させるための戦略を熱く語る！

第1章 日本を根本からつくり直せ
日本の政治とマスコミの現状／国難を打破する未来戦略
新しい産業を起こすための経済政策　ほか

第2章 幸福維新の志士よ、信念を持て
現代の海援隊とは何か／龍馬暗殺の真相
なぜ幸福実現党の応援団長をしているのか　ほか

1,300円

松下幸之助 日本を叱る

天上界からの緊急メッセージ

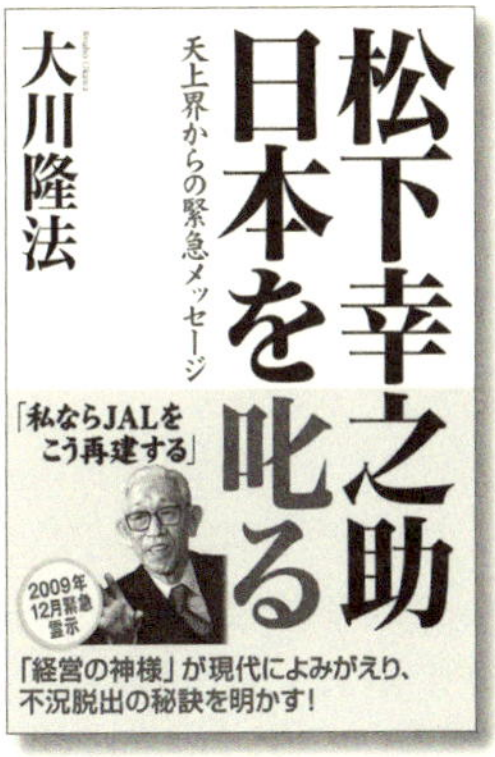

天上界の松下幸之助が語る「日本再生の秘策」。国難によって沈みゆく現代日本を、政治、経済、経営面から救う待望の書。

第1章 国家としての主座を守れ
日本を救うために必要な精神とは／今の日本の政治家に望むこと／景気対策の柱は何であるべきか　ほか

第2章 事業繁栄のための考え方
未来に価値を生むものとは／天命や天職をどのように探せばよいか／商才の磨き方とは　ほか

1,300円

大川隆法ベストセラーズ・神秘の扉を開く

世界紛争の真実

ミカエル vs. ムハンマド

米国（キリスト教）を援護するミカエルと、イスラム教開祖ムハンマドの霊言が、両文明衝突の真相を明かす。宗教の対立を乗り越えるための必読の書。

1,400円

エクソシスト入門

実録・悪魔との対話

悪霊を撃退するための心構えが説かれた悪魔祓《ばら》い入門書。宗教がなぜ必要なのか、その答えがここにある。

1,400円

「宇宙の法」入門

宇宙人とＵＦＯの真実

あの世で、宇宙にかかわる仕事をされている６人の霊人が語る、驚愕の事実。宇宙人の真実の姿、そして、宇宙から見た「地球の使命」が明かされる。

1,200円

※表示価格は本体価格（税別）です。

大川隆法ベストセラーズ・法シリーズ≪基本三法≫

太陽の法

エル・カンターレへの道

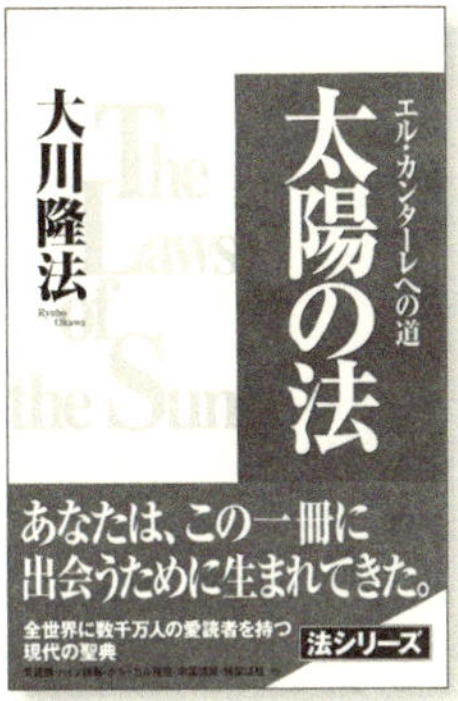

創世記や愛の段階、悟りの構造、文明の流転を明快に説き、主エル・カンターレの真実の使命を示した、仏法真理の基本書。

2,000円

黄金の法

エル・カンターレの歴史観

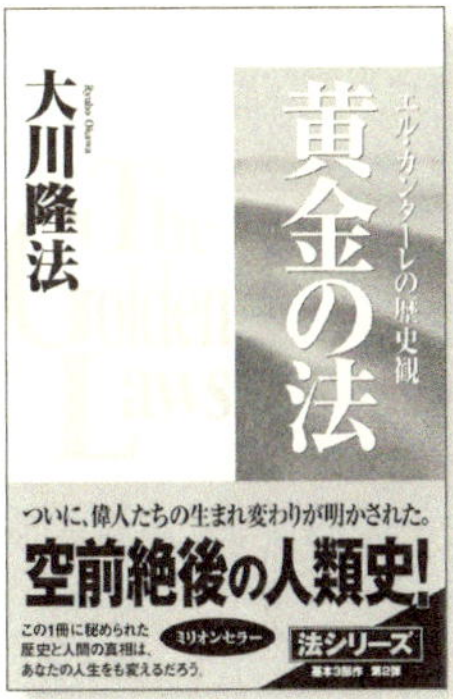

歴史上の偉人たちの活躍を鳥瞰しつつ、隠されていた人類の秘史を公開し、人類の未来をも予言した、空前絶後の人類史。

2,000円

永遠の法

エル・カンターレの世界観

『太陽の法』（法体系）、『黄金の法』（時間論）に続いて、本書は空間論を開示し、次元構造など、霊界の真の姿を明確に説き明かす。

2,000円

幸福の科学

あなたに幸福を、地球にユートピアを――
宗教法人「幸福の科学」は、
この世とあの世を貫く幸福を目指しています。

幸福の科学は、仏法真理《ぶっぽうしんり》に基づいて、まず自分自身が幸福になり、その幸福を、家庭に、地域に、国家に、そして世界に広げていくために創られた宗教です。

「愛とは与えるものである」「苦難・困難は魂を磨く砥石《といし》である」といった真理を知るだけでも、悩みや苦しみを解決する糸口がつかめ、幸福への一歩を踏み出すことができるでしょう。

この仏法真理を説かれている方が、大川隆法総裁です。かつてインドに釈尊《しゃくそん》として、ギリシャにヘルメスとして生まれ、人類を導かれてきた存在、主エル・カンターレが、現代の日本に下生《げしょう》され、救世の法を説かれているのです。

主を信じる人は、どなたでも幸福の科学に入会することができます。あなたも幸福の科学に集い、本当の幸福を見つけてみませんか。

幸福の科学の活動

●全国および海外各地の精舎《しょうじゃ》、支部・拠点などで、大川隆法総裁の御法話拝聴会、祈願や研修などを開催しています。

●精舎は、日常の喧騒《けんそう》を離れた「聖なる空間」です。心を深く見つめることで、疲れた心身をリフレッシュすることができます。

●支部・拠点は「心の広場」です。さまざまな世代や職業の方が集まり、心の交流を行いながら、仏法真理を学んでいます。

幸福の科学入会のご案内

◆精舎、支部・拠点・布教所にて、入会式にのぞみます。入会された方には、経典《きょうてん》「入会版『正心法語《しょうしんほうご》』」が授与されます。

◆仏弟子としてさらに信仰を深めたい方は、三帰誓願式《さんきせいがんしき》を受けることができます。三帰誓願式とは、仏・法・僧の三宝《さんぼう》への帰依《きえ》を誓う儀式です。

◆お申し込み方法等は、最寄りの精舎、支部・拠点・布教所、または左記までお問い合わせください。

幸福の科学サービスセンター
TEL 03-5793-1727
受付時間 火～金：一〇時～二〇時 土・日：一〇時～一八時

大川隆法総裁の法話が掲載された、幸福の科学の小冊子（毎月１回発行）

月刊「幸福の科学」
幸福の科学の教えと活動がわかる総合情報誌

「ザ・伝道」
涙と感動の幸福体験談

「ヘルメス・エンゼルズ」
親子で読んでいっしょに成長する心の教育誌

「ヤング・ブッダ」
学生・青年向けほんとうの自分探究マガジン

幸福の科学の精舎、支部・拠点に用意しております。詳細については下記の電話番号までお問い合わせください。

TEL 03-5793-1727

宗教法人 幸福の科学 ホームページ **http://www.kofuku-no-kagaku.or.jp/**